TURKSE WOORDENSCHAT
nieuwe woorden leren

T&P Books woordenlijsten zijn bedoeld om u te helpen vreemde woorden te leren, te onthouden, en te bestuderen. De woordenschat bevat meer dan 3000 veel gebruikte woorden die thematisch geordend zijn.

* De woordenlijst bevat de meest gebruikte woorden
* Aanbevolen als aanvulling bij welke taalcursus dan ook
* Voldoet aan de behoeften van de beginnende en gevorderde student in vreemde talen
* Geschikt voor dagelijks gebruik, bestudering en zelftestactiviteiten
* Maakt het mogelijk om uw woordenschat te evalueren

Bijzondere kenmerken van de woordenschat

* De woorden zijn gerangschikt naar hun betekenis, niet volgens alfabet
* De woorden worden weergegeven in drie kolommen om bestudering en zelftesten te vergemakkelijken
* Woorden in groepen worden verdeeld in kleine blokken om het leerproces te vergemakkelijken
* De woordenschat biedt een handige en eenvoudige beschrijving van elk buitenlands woord

De woordenschat bevat 101 onderwerpen zoals:

Basisconcepten, getallen, kleuren, maanden, seizoenen, meeteenheden, kleding en accessoires, eten & voeding, restaurant, familieleden, verwanten, karakter, gevoelens, emoties, ziekten, stad, dorp, bezienswaardigheden, winkelen, geld, huis, thuis, kantoor, werken op kantoor, import & export, marketing, werk zoeken, sport, onderwijs, computer, internet, gereedschap, natuur, landen, nationaliteiten en meer ...

INHOUDSOPGAVE

4

UITSPRAAKGIDS

T&P fonetisch alfabet	Turks voorbeeld	Nederlands voorbeeld

Klinkers

[a]	akşam [akʃam]	acht
[e]	kemer [kemer]	excuseren, hebben
[i]	bitki [bitki]	bidden, tint
[ı]	fırıncı [fırındʒı]	iemand, die
[o]	foto [foto]	overeenkomst
[u]	kurşun [kurʃun]	hoed, doe
[ø]	römorkör [rømorkør]	neus, beu
[y]	cümle [dʒymle]	fuut, uur

Medeklinkers

[b]	baba [baba]	hebben
[d]	ahududu [ahududu]	Dank u, honderd
[dʒ]	acil [adʒil]	jeans, jungle
[f]	felsefe [felsefe]	feestdag, informeren
[g]	guguk [guguk]	goal, tango
[ʒ]	Japon [ʒapon]	journalist, rouge
[j]	kayak [kajak]	New York, januari
[h]	merhaba [merhaba]	het, herhalen
[k]	okumak [okumak]	kennen, kleur
[l]	sağlıklı [saalıklı]	delen, luchter
[m]	mermer [mermer]	morgen, etmaal
[n]	nadiren [nadiren]	nemen, zonder
[p]	papaz [papaz]	parallel, koper
[r]	rehber [rehber]	roepen, breken
[s]	saksağan [saksaan]	spreken, kosten
[ʃ]	şalgam [ʃalgam]	shampoo, machine
[t]	takvim [takvim]	tomaat, taart
[tʃ]	çelik [tʃelik]	Tsjechië, cello
[v]	Varşova [varʃova]	beloven, schrijven
[z]	kuzey [kuzej]	zeven, zesde

AFKORTINGEN
gebruikt in de woordenschat

Nederlandse afkortingen

abn	-	als bijvoeglijk naamwoord
bijv.	-	bijvoorbeeld
bn	-	bijvoeglijk naamwoord
bw	-	bijwoord
enk.	-	enkelvoud
enz.	-	enzovoort
form.	-	formele taal
inform.	-	informele taal
mann.	-	mannelijk
mil.	-	militair
mv.	-	meervoud
on.ww.	-	onovergankelijk werkwoord
ontelb.	-	ontelbaar
ov.	-	over
ov.ww.	-	overgankelijk werkwoord
telb.	-	telbaar
vn	-	voornaamwoord
vrouw.	-	vrouwelijk
vw	-	voegwoord
vz	-	voorzetsel
wisk.	-	wiskunde
ww	-	werkwoord

Nederlandse artikelen

de	-	gemeenschappelijk geslacht
de/het	-	gemeenschappelijk geslacht, onzijdig
het	-	onzijdig

BASISBEGRIPPEN

1. Voornaamwoorden

ik	ben	[ben]
jij, je	sen	[sen]
hij, zij, het	o	[o]

wij, we	biz	[biz]
jullie	siz	[siz]
zij, ze	onlar	[onlar]

2. Begroetingen. Begroetingen

Hallo! Dag!	Selam!	[selam]
Hallo!	Merhaba!	[merhaba]
Goedemorgen!	Günaydın!	[gynajdın]
Goedemiddag!	İyi günler!	[iji gynler]
Goedenavond!	İyi akşamlar!	[iji akʃamlar]

gedag zeggen (groeten)	selam vermek	[selam vermek]
Hoi!	Selam!, Merhaba!	[selam], [merhaba]
groeten (het)	selam	[selam]
verwelkomen (ww)	selamlamak	[selamlamak]
Hoe gaat het?	Nasılsın?	[nasılsın]
Is er nog nieuws?	Ne var ne yok?	[ne var ne jok]

Dag! Tot ziens!	Hoşca kalın!	[hoʃdʒa kalın]
Tot snel! Tot ziens!	Görüşürüz!	[gøryʃyryz]
Vaarwel! (inform.)	Güle güle!	[gyle gyle]
Vaarwel! (form.)	Elveda!	[elveda]
afscheid nemen (ww)	vedalaşmak	[vedalaʃmak]
Tot kijk!	Hoşça kal!	[hoʃtʃa kal]

Dank u!	Teşekkür ederim!	[teʃekkyr ederim]
Dank u wel!	Çok teşekkür ederim!	[tʃok teʃekkyr ederim]
Graag gedaan	Rica ederim	[ridʒa ederim]
Geen dank!	Bir şey değil	[bir ʃej deil]
Geen moeite.	Estağfurullah	[estaafurulla]

Excuseer me, ... (inform.)	Affedersin!	[afedersin]
Excuseer me, ... (form.)	Affedersiniz!	[afedersiniz]
excuseren (verontschuldigen)	affetmek	[afetmek]

zich verontschuldigen	özür dilemek	[øzyr dilemek]
Mijn excuses.	Özür dilerim	[øzyr dilerim]
Het spijt me!	Affedersiniz!	[afedersiniz]
vergeven (ww)	affetmek	[afetmek]

alsjeblieft	lütfen	[lytfen]
Vergeet het niet!	Unutmayın!	[unutmajın]
Natuurlijk!	Kesinlikle!	[kesinlikte]
Natuurlijk niet!	Tabi ki hayır!	[tabi ki hajır]

Akkoord!	Tamam!	[tamam]
Zo is het genoeg!	Yeter artık!	[jeter artık]

3. Vragen

Wie?	Kim?	[kim]
Wat?	Ne?	[ne]
Waar?	Nerede?	[nerede]
Waarheen?	Nereye?	[nereje]
Waarvandaan?	Nereden?	[nereden]

Wanneer?	Ne zaman?	[ne zaman]
Waarom?	Neden?	[neden]
Waarom?	Neden?	[neden]

Waarvoor dan ook?	Ne için?	[ne itʃin]
Hoe?	Nasıl?	[nasıl]
Wat voor ...?	Hangi?	[hangi]
Welk?	Kaçıncı?	[katʃındʒı]

Aan wie?	Kime?	[kime]
Over wie?	Kim hakkında?	[kim hakında]
Waarover?	Ne hakkında?	[ne hakında]
Met wie?	Kimle?	[kimle]

Hoeveel? (ontelb.)	Kaç?	[katʃ]
Van wie? (mann.)	Kimin?	[kimin]

4. Voorzetsels

met (bijv. ~ beleg)	... -ile, ... -le, ... -la	[ile], [le], [la]
zonder (~ accent)	... -sız, ... -suz	[sız], [suz]
naar (in de richting van)	... -e, ... -a	[e], [a]
over (praten ~)	hakkında	[hakkında]

voor (in tijd)	önce	[øndʒe]
voor (aan de voorkant)	önünde	[ønynde]

onder (lager dan)	altında	[altında]
boven (hoger dan)	üstünde	[ystynde]
op (bovenop)	üstüne	[ystyne]

van (uit, afkomstig van)	... -den, ... -dan	[den], [dan]
van (gemaakt van)	... -den, ... -dan	[den], [dan]

over (bijv. ~ een uur)	sonra	[sonra]
over (over de bovenkant)	üstünden	[ystynden]

5. Functiewoorden. Bijwoorden. Deel 1

Waar?	Nerede?	[nerede]
hier (bw)	burada	[burada]
daar (bw)	orada	[orada]
ergens (bw)	bir yerde	[bir jerde]
nergens (bw)	hiç bir yerde	[hitʃ birj jerde]
bij ... (in de buurt)	... yanında	[janında]
bij het raam	pencerenin yanında	[pendʒerenin janında]
Waarheen?	Nereye?	[nereje]
hierheen (bw)	buraya	[buraja]
daarheen (bw)	oraya	[oraja]
hiervandaan (bw)	buradan	[buradan]
daarvandaan (bw)	oradan	[oradan]
dichtbij (bw)	yakında	[jakında]
ver (bw)	uzağa	[uzaa]
in de buurt (van ...)	yakında	[jakında]
dichtbij (bw)	yakınında	[jakınında]
niet ver (bw)	civarında	[dʒivarında]
linker (bn)	sol	[sol]
links (bw)	solda	[solda]
linksaf, naar links (bw)	sola	[sola]
rechter (bn)	sağ	[saa]
rechts (bw)	sağda	[saada]
rechtsaf, naar rechts (bw)	sağa	[saa]
vooraan (bw)	önde	[ønde]
voorste (bn)	ön	[øn]
vooruit (bw)	ileri	[ileri]
achter (bw)	arkada	[arkada]
van achteren (bw)	arkadan	[arkadan]
achteruit (naar achteren)	geriye	[gerije]
midden (het)	orta	[orta]
in het midden (bw)	ortasında	[ortasında]
opzij (bw)	kenarda	[kenarda]
overal (bw)	her yerde	[her jerde]
omheen (bw)	çevrede	[tʃevrede]
binnenuit (bw)	içeriden	[itʃeriden]
naar ergens (bw)	bir yere	[bir jere]
rechtdoor (bw)	dosdoğru	[dosdooru]
terug (bijv. ~ komen)	geri	[geri]
ergens vandaan (bw)	bir yerden	[bir jerden]
ergens vandaan (en dit geld moet ~ komen)	bir yerden	[bir jerden]

ten eerste (bw)	ilk olarak	[ilk olarak]
ten tweede (bw)	ikinci olarak	[ikindʒi olarak]
ten derde (bw)	üçüncü olarak	[ytʃundʒy olarak]

plotseling (bw)	birdenbire	[birdenbire]
in het begin (bw)	başlangıçta	[baʃlangıtʃta]
voor de eerste keer (bw)	ilk kez	[ilk kez]
lang voor ... (bw)	çok daha önce ...	[tʃok daa øndʒe]
opnieuw (bw)	yeniden	[jeniden]
voor eeuwig (bw)	sonsuza kadar	[sonsuza kadar]

nooit (bw)	hiçbir zaman	[hitʃbir zaman]
weer (bw)	tekrar	[tekrar]
nu (bw)	şimdi	[ʃimdi]
vaak (bw)	sık	[sık]
toen (bw)	o zaman	[o zaman]
urgent (bw)	acele	[adʒele]
meestal (bw)	genellikle	[genellikle]

trouwens, ... (tussen haakjes)	aklıma gelmişken, ...	[aklıma gelmiʃken]
mogelijk (bw)	mümkündür	[mymkyndyr]
waarschijnlijk (bw)	muhtemelen	[muhtemelen]
misschien (bw)	olabilir	[olabilir]
trouwens (bw)	ayrıca ...	[ajrıdʒa]
daarom ...	onun için	[onun itʃin]
in weerwil van ...	rağmen ...	[raamen]
dankzij ...	... sayesinde	[sajesinde]

wat (vn)	ne	[ne]
dat (vw)	... -ki, ... -dığı, ... -diği	[ki], [dı:ı], [di:i]
iets (vn)	bir şey	[bir ʃej]
iets	bir şey	[bir ʃej]
niets (vn)	hiçbir şey	[hitʃbir ʃej]

wie (~ is daar?)	kim	[kim]
iemand (een onbekende)	birisi	[birisı]
iemand (een bepaald persoon)	birisi	[birisı]

niemand (vn)	hiç kimse	[hitʃ kimse]
nergens (bw)	hiçbir yere	[hitʃbir jere]
niemands (bn)	kimsesiz	[kimsesiz]
iemands (bn)	birinin	[birinin]

zo (Ik ben ~ blij)	öylesine	[øjlesine]
ook (evenals)	dahi, ayrıca	[dahi], [ajrıdʒa]
alsook (eveneens)	da	[da]

6. Functiewoorden. Bijwoorden. Deel 2

Waarom?	Neden?	[neden]
om een bepaalde reden	nedense	[nedense]
omdat ...	çünkü	[tʃynky]

13

voor een bepaald doel	her nedense	[her nedense]
en (vw)	ve	[ve]
of (vw)	veya	[veja]
maar (vw)	fakat	[fakat]
voor (vz)	için	[itʃin]

te (~ veel mensen)	fazla	[fazla]
alleen (bw)	ancak	[andʒak]
precies (bw)	tam	[tam]
ongeveer (~ 10 kg)	yaklaşık	[jaklaʃık]

omstreeks (bw)	yaklaşık olarak	[jaklaʃık olarak]
bij benadering (bn)	yaklaşık	[jaklaʃık]
bijna (bw)	hemen	[hemen]
rest (de)	geri kalan	[geri kalan]

elk (bn)	her biri	[her biri]
om het even welk	herhangi biri	[herhangi biri]
veel (grote hoeveelheid)	çok	[tʃok]
veel mensen	birçokları	[birtʃokları]
iedereen (alle personen)	hepsi, herkes	[hepsi], [herkez]

in ruil voor ...	... karşılık olarak	[karʃılık olarak]
in ruil (bw)	yerine	[jerine]
met de hand (bw)	elle, el ile	[elle], [el ile]
onwaarschijnlijk (bw)	şüpheli	[ʃypheli]

waarschijnlijk (bw)	galiba	[galiba]
met opzet (bw)	mahsus	[mahsus]
toevallig (bw)	tesadüfen	[tesadyfen]

zeer (bw)	pek	[pek]
bijvoorbeeld (bw)	mesela	[mesela]
tussen (~ twee steden)	arasında	[arasında]
tussen (te midden van)	ortasında	[ortasında]
zoveel (bw)	kadar	[kadar]
vooral (bw)	özellikle	[øzelikle]

GETALLEN. DIVERSEN

7. Kardinale getallen. Deel 1

nul	sıfır	[sıfır]
een	bir	[bir]
twee	iki	[iki]
drie	üç	[ytʃ]
vier	dört	[dørt]

vijf	beş	[beʃ]
zes	altı	[altı]
zeven	yedi	[jedi]
acht	sekiz	[sekiz]
negen	dokuz	[dokuz]

tien	on	[on]
elf	on bir	[on bir]
twaalf	on iki	[on iki]
dertien	on üç	[on ytʃ]
veertien	on dört	[on dørt]

vijftien	on beş	[on beʃ]
zestien	on altı	[on altı]
zeventien	on yedi	[on jedi]
achttien	on sekiz	[on sekiz]
negentien	on dokuz	[on dokuz]

twintig	yirmi	[jirmi]
eenentwintig	yirmi bir	[jirmi bir]
tweeëntwintig	yirmi iki	[jirmi iki]
drieëntwintig	yirmi üç	[jirmi ytʃ]

dertig	otuz	[otuz]
eenendertig	otuz bir	[otuz bir]
tweeëndertig	otuz iki	[otuz iki]
drieëndertig	otuz üç	[otuz ytʃ]

veertig	kırk	[kırk]
eenenveertig	kırk bir	[kırk bir]
tweeënveertig	kırk iki	[kırk iki]
drieënveertig	kırk üç	[kırk ytʃ]

vijftig	elli	[elli]
eenenvijftig	elli bir	[elli bir]
tweeënvijftig	elli iki	[elli iki]
drieënvijftig	elli üç	[elli ytʃ]

| zestig | altmış | [altmıʃ] |
| eenenzestig | altmış bir | [altmıʃ bir] |

tweeënzestig	altmış iki	[altmıʃ iki]
drieënzestig	altmış üç	[altmıʃ ytʃ]

zeventig	yetmiş	[jetmiʃ]
eenenzeventig	yetmiş bir	[jetmiʃ bir]
tweeënzeventig	yetmiş iki	[jetmiʃ iki]
drieënzeventig	yetmiş üç	[jetmiʃ ytʃ]

tachtig	seksen	[seksen]
eenentachtig	seksen bir	[seksen bir]
tweeëntachtig	seksen iki	[seksen iki]
drieëntachtig	seksen üç	[seksen ytʃ]

negentig	doksan	[doksan]
eenennegentig	doksan bir	[doksan bir]
tweeënnegentig	doksan iki	[doksan iki]
drieënnegentig	doksan üç	[doksan ytʃ]

8. Kardinale getallen. Deel 2

honderd	yüz	[juz]
tweehonderd	iki yüz	[iki juz]
driehonderd	üç yüz	[ytʃ juz]
vierhonderd	dört yüz	[dørt juz]
vijfhonderd	beş yüz	[beʃ juz]

zeshonderd	altı yüz	[altı juz]
zevenhonderd	yedi yüz	[jedi juz]
achthonderd	sekiz yüz	[sekiz juz]
negenhonderd	dokuz yüz	[dokuz juz]

duizend	bin	[bin]
tweeduizend	iki bin	[iki bin]
drieduizend	üç bin	[ytʃ bin]
tienduizend	on bin	[on bin]
honderdduizend	yüz bin	[juz bin]
miljoen (het)	milyon	[miljon]
miljard (het)	milyar	[miljar]

9. Ordinale getallen

eerste (bn)	birinci	[birindʒi]
tweede (bn)	ikinci	[ikindʒi]
derde (bn)	üçüncü	[ytʃyndʒy]
vierde (bn)	dördüncü	[dørdyndʒy]
vijfde (bn)	beşinci	[beʃindʒi]

zesde (bn)	altıncı	[altındʒı]
zevende (bn)	yedinci	[jedindʒi]
achtste (bn)	sekizinci	[sekizindʒi]
negende (bn)	dokuzuncu	[dokuzundʒu]
tiende (bn)	onuncu	[onundʒu]

KLEUREN. MEETEENHEDEN

10. Kleuren

kleur (de)	renk	[renk]
tint (de)	renk tonu	[renk tonu]
kleurnuance (de)	renk tonu	[renk tonu]
regenboog (de)	gökkuşağı	[gøkkuʃaı]
wit (bn)	beyaz	[bejaz]
zwart (bn)	siyah	[sijah]
grijs (bn)	gri	[gri]
groen (bn)	yeşil	[jeʃil]
geel (bn)	sarı	[sarı]
rood (bn)	kırmızı	[kırmızı]
blauw (bn)	mavi	[mavi]
lichtblauw (bn)	açık mavi	[atʃık mavi]
roze (bn)	pembe	[pembe]
oranje (bn)	turuncu	[turundʒu]
violet (bn)	mor	[mor]
bruin (bn)	kahve rengi	[kahve rengi]
goud (bn)	altın	[altın]
zilverkleurig (bn)	gümüşü	[gymyʃy]
beige (bn)	bej rengi	[beʒ rengi]
roomkleurig (bn)	krem rengi	[krem rengi]
turkoois (bn)	turkuaz	[turkuaz]
kersrood (bn)	vişne rengi	[viʃne rengi]
lila (bn)	leylak rengi	[lejlak rengi]
karmijnrood (bn)	koyu kırmızı	[koju kırmızı]
licht (bn)	açık	[atʃık]
donker (bn)	koyu	[koju]
fel (bn)	parlak	[parlak]
kleur-, kleurig (bn)	renkli	[renkli]
kleuren- (abn)	renkli	[renkli]
zwart-wit (bn)	siyah-beyaz	[sijah bejaz]
eenkleurig (bn)	tek renkli	[tek renkli]
veelkleurig (bn)	rengârenk	[rengjarenk]

11. Meeteenheden

gewicht (het)	ağırlık	[aırlık]
lengte (de)	uzunluk	[uzunluk]

breedte (de)	en, genişlik	[en], [geniʃlik]
hoogte (de)	yükseklik	[jukseklik]
diepte (de)	derinlik	[derinlik]
volume (het)	hacim	[hadʒim]
oppervlakte (de)	alan	[alan]

gram (het)	gram	[gram]
milligram (het)	miligram	[miligram]
kilogram (het)	kilogram	[kilogram]
ton (duizend kilo)	ton	[ton]
pond (het)	libre	[libre]
ons (het)	ons	[ons]

meter (de)	metre	[metre]
millimeter (de)	milimetre	[milimetre]
centimeter (de)	santimetre	[santimetre]
kilometer (de)	kilometre	[kilometre]
mijl (de)	mil	[mil]

duim (de)	inç	[intʃ]
voet (de)	kadem	[kadem]
yard (de)	yarda	[jarda]

vierkante meter (de)	metre kare	[metre kare]
hectare (de)	hektar	[hektar]

liter (de)	litre	[litre]
graad (de)	derece	[deredʒe]
volt (de)	volt	[volt]
ampère (de)	amper	[amper]
paardenkracht (de)	beygir gücü	[bejgir gydʒy]

hoeveelheid (de)	miktar	[miktar]
een beetje ...	biraz ...	[biraz]
helft (de)	yarım	[jarım]
dozijn (het)	düzine	[dyzine]
stuk (het)	adet, tane	[adet], [tane]

afmeting (de)	boyut	[bojut]
schaal (bijv. ~ van 1 op 50)	ölçek	[øltʃek]

minimaal (bn)	minimum	[minimum]
minste (bn)	en küçük	[en kytʃuk]
medium (bn)	orta	[orta]
maximaal (bn)	maksimum	[maksimum]
grootste (bn)	en büyük	[en byjuk]

12. Containers

glazen pot (de)	kavanoz	[kavanoz]
blik (conserven~)	teneke	[teneke]
emmer (de)	kova	[kova]
ton (bijv. regenton)	fıçı, varil	[fɪtʃɪ], [varil]
ronde waterbak (de)	leğen	[leen]

tank (bijv. watertank-70-ltr)	tank	[tank]
heupfles (de)	matara	[matara]
jerrycan (de)	benzin bidonu	[benzin bidonu]
tank (bijv. ketelwagen)	sarnıç	[sarnıʧ]

beker (de)	kupa	[kupa]
kopje (het)	fincan	[finʤan]
schoteltje (het)	fincan tabağı	[finʤan tabaı]
glas (het)	bardak	[bardak]
wijnglas (het)	kadeh	[kade]
pan (de)	tencere	[tenʤere]

| fles (de) | şişe | [ʃiʃe] |
| flessenhals (de) | boğaz | [boaz] |

karaf (de)	sürahi	[syrahi]
kruik (de)	testi	[testi]
vat (het)	kap	[kap]
pot (de)	çömlek	[ʧømlek]
vaas (de)	vazo	[vazo]

flacon (de)	şişe	[ʃiʃe]
flesje (het)	küçük şişe	[kyʧuk ʃiʃe]
tube (bijv. ~ tandpasta)	tüp	[typ]

zak (bijv. ~ aardappelen)	poşet, torba	[poʃet], [torba]
tasje (het)	çuval	[ʧuval]
pakje (~ sigaretten, enz.)	paket	[paket]

doos (de)	kutu	[kutu]
kist (de)	sandık	[sandık]
mand (de)	sepet	[sepet]

BELANGRIJKSTE WERKWOORDEN

13. De belangrijkste werkwoorden. Deel 1

aanbevelen (ww)	tavsiye etmek	[tavsije etmek]
aandringen (ww)	ısrar etmek	[ısrar etmek]
aankomen (per auto, enz.)	gelmek	[gelmek]
aanraken (ww)	ellemek	[ellemek]
adviseren (ww)	tavsiye etmek	[tavsije etmek]

afdalen (on.ww.)	aşağı inmek	[aʃaı inmek]
afslaan (naar rechts ~)	dönmek	[dønmek]
antwoorden (ww)	cevap vermek	[dʒevap vermek]
bang zijn (ww)	korkmak	[korkmak]
bedreigen (bijv. met een pistool)	tehdit etmek	[tehdit etmek]

bedriegen (ww)	aldatmak	[aldatmak]
beëindigen (ww)	bitirmek	[bitirmek]
beginnen (ww)	başlamak	[baʃlamak]
begrijpen (ww)	anlamak	[anlamak]
beheren (managen)	yönetmek	[jønetmek]

beledigen (met scheldwoorden)	hakaret etmek	[hakaret etmek]
beloven (ww)	vaat etmek	[vaat etmek]
bereiden (koken)	pişirmek	[piʃirmek]
bespreken (spreken over)	görüşmek	[gøryʃmek]

bestellen (eten ~)	sipariş etmek	[sipariʃ etmek]
bestraffen (een stout kind ~)	cezalandırmak	[dʒezalandırmak]
betalen (ww)	ödemek	[ødemek]
betekenen (beduiden)	anlamına gelmek	[anlamına gelmek]
betreuren (ww)	üzülmek	[yzylmek]

bevallen (prettig vinden)	hoşlanmak	[hoʃlanmak]
bevelen (mil.)	emretmek	[emretmek]
bevrijden (stad, enz.)	serbest bırakmak	[serbest bırakmak]
bewaren (ww)	saklamak	[saklamak]
bezitten (ww)	sahip olmak	[sahip olmak]

bidden (praten met God)	dua etmek	[dua etmek]
binnengaan (een kamer ~)	girmek	[girmek]
breken (ww)	kırmak	[kırmak]
controleren (ww)	kontrol etmek	[kontrol etmek]
creëren (ww)	oluşturmak	[oluʃturmak]

deelnemen (ww)	katılmak	[katılmak]
denken (ww)	düşünmek	[dyʃynmek]
doden (ww)	öldürmek	[øldyrmek]

| doen (ww) | yapmak, etmek | [japmak], [etmek] |
| dorst hebben (ww) | içmek istemek | [itʃmek istemek] |

14. De belangrijkste werkwoorden. Deel 2

een hint geven	ipucu vermek	[ipudʒu vermek]
eisen (met klem vragen)	talep etmek	[talep etmek]
excuseren (vergeven)	affetmek	[afetmek]
existeren (bestaan)	var olmak	[var olmak]
gaan (te voet)	yürümek, gitmek	[jurymek], [gitmek]

gaan zitten (ww)	oturmak	[oturmak]
gaan zwemmen	suya girmek	[suja girmek]
geven (ww)	vermek	[vermek]
glimlachen (ww)	gülümsemek	[gylymsemek]
goed raden (ww)	doğru tahmin etmek	[dooru tahmin etmek]

grappen maken (ww)	şaka yapmak	[ʃaka japmak]
graven (ww)	kazmak	[kazmak]
hebben (ww)	sahip olmak	[sahip olmak]
helpen (ww)	yardım etmek	[jardım etmek]
herhalen (opnieuw zeggen)	tekrar etmek	[tekrar etmek]
honger hebben (ww)	yemek istemek	[jemek istemek]

hopen (ww)	ummak	[ummak]
horen (waarnemen met het oor)	duymak	[dujmak]
huilen (wenen)	ağlamak	[aalamak]
huren (huis, kamer)	kiralamak	[kiralamak]
informeren (informatie geven)	bilgi vermek	[bilgi vermek]
instemmen (akkoord gaan)	razı olmak	[razı olmak]
jagen (ww)	avlamak	[avlamak]
kennen (kennis hebben van iemand)	tanımak	[tanımak]
kiezen (ww)	seçmek	[setʃmek]
klagen (ww)	şikayet etmek	[ʃikajet etmek]

kosten (ww)	değerinde olmak	[deerinde olmak]
kunnen (ww)	yapabilmek	[japabilmek]
lachen (ww)	gülmek	[gylmek]
laten vallen (ww)	düşürmek	[dyʃyrmek]
lezen (ww)	okumak	[okumak]

liefhebben (ww)	sevmek	[sevmek]
lunchen (ww)	öğle yemeği yemek	[ø:le jemei jemek]
nemen (ww)	almak	[almak]
nodig zijn (ww)	gerekmek	[gerekmek]

15. De belangrijkste werkwoorden. Deel 3

| onderschatten (ww) | değerini bilmemek | [deerini bilmemek] |
| ondertekenen (ww) | imzalamak | [imzalamak] |

ontbijten (ww)	**kahvaltı yapmak**	[kahvaltı japmak]
openen (ww)	**açmak**	[atʃmak]
ophouden (ww)	**durdurmak**	[durdurmak]
opmerken (zien)	**farketmek**	[farketmek]
opscheppen (ww)	**övünmek**	[øvynmek]
opschrijven (ww)	**not almak**	[not almak]
plannen (ww)	**planlamak**	[planlamak]
prefereren (verkiezen)	**tercih etmek**	[terdʒih etmek]
proberen (trachten)	**denemek**	[denemek]
redden (ww)	**kurtarmak**	[kurtarmak]
rekenen op ...	**... güvenmek**	[gyvenmek]
rennen (ww)	**koşmak**	[koʃmak]
reserveren	**rezerve etmek**	[rezerve etmek]
(een hotelkamer ~)		
roepen (om hulp)	**çağırmak**	[tʃaırmak]
schieten (ww)	**ateş etmek**	[ateʃ etmek]
schreeuwen (ww)	**bağırmak**	[baırmak]
schrijven (ww)	**yazmak**	[jazmak]
souperen (ww)	**akşam yemeği yemek**	[akʃam jemei jemek]
spelen (kinderen)	**oynamak**	[ojnamak]
spreken (ww)	**konuşmak**	[konuʃmak]
stelen (ww)	**çalmak**	[tʃalmak]
stoppen (pauzeren)	**durmak**	[durmak]
studeren (Nederlands ~)	**öğrenmek**	[ø:renmek]
sturen (zenden)	**göndermek**	[gøndermek]
tellen (optellen)	**saymak**	[sajmak]
toebehoren aan ...	**... ait olmak**	[ait olmak]
toestaan (ww)	**izin vermek**	[izin vermek]
tonen (ww)	**göstermek**	[gøstermek]
twijfelen (onzeker zijn)	**tereddüt etmek**	[tereddyt etmek]
uitgaan (ww)	**çıkmak**	[tʃıkmak]
uitnodigen (ww)	**davet etmek**	[davet etmek]
uitspreken (ww)	**telâffuz etmek**	[telafuz etmek]
uitvaren tegen (ww)	**sövmek**	[søvmek]

16. De belangrijkste werkwoorden. Deel 4

vallen (ww)	**düşmek**	[dyʃmek]
vangen (ww)	**tutmak**	[tutmak]
veranderen (anders maken)	**değiştirmek**	[deiʃtirmek]
verbaasd zijn (ww)	**şaşırmak**	[ʃaʃırmak]
verbergen (ww)	**saklamak**	[saklamak]
verdedigen (je land ~)	**savunmak**	[savunmak]
verenigen (ww)	**birleştirmek**	[birleʃtirmek]
vergelijken (ww)	**karşılaştırmak**	[karʃılaʃtırmak]
vergeten (ww)	**unutmak**	[unutmak]
vergeven (ww)	**affetmek**	[afetmek]
verklaren (uitleggen)	**izah etmek**	[izah etmek]

verkopen (per stuk ~)	satmak	[satmak]
vermelden (praten over)	anmak	[anmak]
versieren (decoreren)	süslemek	[syslemek]
vertalen (ww)	çevirmek	[ʧevirmek]

vertrouwen (ww)	güvenmek	[gyvenmek]
vervolgen (ww)	devam etmek	[devam etmek]
verwarren (met elkaar ~)	ayırt edememek	[ajırt edememek]
verzoeken (ww)	rica etmek	[ridʒa etmek]
verzuimen (school, enz.)	gelmemek	[gelmemek]

vinden (ww)	bulmak	[bulmak]
vliegen (ww)	uçmak	[uʧmak]
volgen (ww)	... takip etmek	[takip etmek]
voorstellen (ww)	önermek	[ønermek]
voorzien (verwachten)	önceden görmek	[øndʒeden gørmek]
vragen (ww)	sormak	[sormak]

waarnemen (ww)	gözlemlemek	[gøzlemlemek]
waarschuwen (ww)	uyarmak	[ujarmak]
wachten (ww)	beklemek	[beklemek]
weerspreken (ww)	itiraz etmek	[itiraz etmek]
weigeren (ww)	reddetmek	[reddetmek]

werken (ww)	çalışmak	[ʧalıʃmak]
weten (ww)	bilmek	[bilmek]
willen (verlangen)	istemek	[istemek]
zeggen (ww)	söylemek	[søjlemek]
zich haasten (ww)	acele etmek	[adʒele etmek]

zich interesseren voor ...	ilgilenmek	[ilgilenmek]
zich vergissen (ww)	hata yapmak	[hata japmak]
zich verontschuldigen	özür dilemek	[øzyr dilemek]
zien (ww)	görmek	[gørmek]

zoeken (ww)	aramak	[aramak]
zwemmen (ww)	yüzmek	[juzmek]
zwijgen (ww)	susmak	[susmak]

TIJD. KALENDER

17. Dagen van de week

maandag (de)	Pazartesi	[pazartesi]
dinsdag (de)	Salı	[salı]
woensdag (de)	Çarşamba	[tʃarʃamba]
donderdag (de)	Perşembe	[perʃembe]
vrijdag (de)	Cuma	[dʒuma]
zaterdag (de)	Cumartesi	[dʒumartesi]
zondag (de)	Pazar	[pazar]

vandaag (bw)	bugün	[bugyn]
morgen (bw)	yarın	[jarın]
overmorgen (bw)	öbür gün	[øbyr gyn]
gisteren (bw)	dün	[dyn]
eergisteren (bw)	evvelki gün	[evvelki gyn]

dag (de)	gün	[gyn]
werkdag (de)	iş günü	[iʃ gyny]
feestdag (de)	bayram günü	[bajram gyny]
verlofdag (de)	tatil günü	[tatil gyny]
weekend (het)	hafta sonu	[hafta sonu]

de hele dag (bw)	bütün gün	[bytyn gyn]
de volgende dag (bw)	ertesi gün	[ertesi gyn]
twee dagen geleden	iki gün önce	[iki gyn øndʒe]
aan de vooravond (bw)	bir gün önce	[bir gyn øndʒe]
dag-, dagelijks (bn)	günlük	[gynlyk]
elke dag (bw)	her gün	[her gyn]

week (de)	hafta	[hafta]
vorige week (bw)	geçen hafta	[getʃen hafta]
volgende week (bw)	gelecek hafta	[geldʒek hafta]
wekelijks (bn)	haftalık	[haftalık]
elke week (bw)	her hafta	[her hafta]
twee keer per week	haftada iki kez	[haftada iki kez]
elke dinsdag	her Salı	[her salı]

18. Uren. Dag en nacht

morgen (de)	sabah	[sabah]
's morgens (bw)	sabahleyin	[sabahlejin]
middag (de)	öğle, gün ortası	[ø:le], [gyn ortası]
's middags (bw)	öğleden sonra	[ø:leden sonra]

avond (de)	akşam	[akʃam]
's avonds (bw)	akşamleyin	[akʃamlejin]

nacht (de)	gece	[gedʒe]
's nachts (bw)	geceleyin	[gedʒelejin]
middernacht (de)	gece yarısı	[gedʒe jarısı]

seconde (de)	saniye	[sanije]
minuut (de)	dakika	[dakika]
uur (het)	saat	[saat]
halfuur (het)	yarım saat	[jarım saat]
kwartier (het)	çeyrek saat	[tʃejrek saat]
vijftien minuten	on beş dakika	[on beʃ dakika]
etmaal (het)	yirmi dört saat	[jirmi dørt saat]

zonsopgang (de)	güneşin doğuşu	[gyneʃin douʃu]
dageraad (de)	şafak	[ʃafak]
vroege morgen (de)	sabah erken	[sabah erken]
zonsondergang (de)	güneş batışı	[gyneʃ batıʃı]

's morgens vroeg (bw)	sabahın köründe	[sabahın kørynde]
vanmorgen (bw)	bu sabah	[bu sabah]
morgenochtend (bw)	yarın sabah	[jarın sabah]

vanmiddag (bw)	bu ikindi	[bu ikindi]
's middags (bw)	öğleden sonra	[ø:leden sonra]
morgenmiddag (bw)	yarın öğleden sonra	[jarın ø:leden sonra]

vanavond (bw)	bu akşam	[bu akʃam]
morgenavond (bw)	yarın akşam	[jarın akʃam]

klokslag drie uur	tam saat üçte	[tam saat ytʃte]
ongeveer vier uur	saat dört civarında	[saat dørt dʒivarında]
tegen twaalf uur	saat on ikiye doğru	[saat on ikije dooru]

over twintig minuten	yirmi dakika içinde	[jirmi dakika itʃinde]
over een uur	bir saat sonra	[bir saat sonra]
op tijd (bw)	zamanında	[zamanında]

kwart voor ...	çeyrek kala	[tʃejrek kala]
binnen een uur	bir saat içinde	[bir saat itʃinde]
elk kwartier	her on beş dakika	[her on beʃ dakika]
de klok rond	gece gündüz	[gedʒe gyndyz]

19. Maanden. Seizoenen

januari (de)	ocak	[odʒak]
februari (de)	şubat	[ʃubat]
maart (de)	mart	[mart]
april (de)	nisan	[nisan]
mei (de)	mayıs	[majıs]
juni (de)	haziran	[haziran]

juli (de)	temmuz	[temmuz]
augustus (de)	ağustos	[austos]
september (de)	eylül	[ejlyl]
oktober (de)	ekim	[ekim]

november (de)	kasım	[kasım]
december (de)	aralık	[aralık]

lente (de)	ilkbahar	[ilkbahar]
in de lente (bw)	ilkbaharda	[ilkbaharda]
lente- (abn)	ilkbahar	[ilkbahar]

zomer (de)	yaz	[jaz]
in de zomer (bw)	yazın	[jazın]
zomer-, zomers (bn)	yaz	[jaz]

herfst (de)	sonbahar	[sonbahar]
in de herfst (bw)	sonbaharda	[sonbaharda]
herfst- (abn)	sonbahar	[sonbahar]

winter (de)	kış	[kıʃ]
in de winter (bw)	kışın	[kıʃın]
winter- (abn)	kış, kışlık	[kıʃ], [kıʃlık]

maand (de)	ay	[aj]
deze maand (bw)	bu ay	[bu aj]
volgende maand (bw)	gelecek ay	[geledʒek aj]
vorige maand (bw)	geçen ay	[getʃen aj]

een maand geleden (bw)	bir ay önce	[bir aj øndʒe]
over een maand (bw)	bir ay sonra	[bir aj sonra]
over twee maanden (bw)	iki ay sonra	[iki aj sonra]
de hele maand (bw)	tüm ay	[tym aj]
een volle maand (bw)	bütün ay	[bytyn aj]

maand-, maandelijks (bn)	aylık	[ajlık]
maandelijks (bw)	her ay	[her aj]
elke maand (bw)	her ay	[her aj]
twee keer per maand	ayda iki kez	[ajda iki kez]

jaar (het)	yıl, sene	[jıl], [sene]
dit jaar (bw)	bu sene, bu yıl	[bu sene], [bu jıl]
volgend jaar (bw)	gelecek sene	[geledʒek sene]
vorig jaar (bw)	geçen sene	[getʃen sene]

een jaar geleden (bw)	bir yıl önce	[bir jıl øndʒe]
over een jaar	bir yıl sonra	[bir jıl sonra]
over twee jaar	iki yıl sonra	[iki jıl sonra]
het hele jaar	tüm yıl	[tym jıl]
een vol jaar	bütün yıl	[bytyn jıl]

elk jaar	her sene	[her sene]
jaar-, jaarlijks (bn)	yıllık	[jıllık]
jaarlijks (bw)	her yıl	[her jıl]
4 keer per jaar	yılda dört kere	[jılda dørt kere]

datum (de)	tarih	[tarih]
datum (de)	tarih	[tarih]
kalender (de)	takvim	[takvim]
een half jaar	yarım yıl	[jarım jıl]
zes maanden	altı ay	[altı aj]

seizoen (bijv. lente, zomer)	**mevsim**	[mevsim]
eeuw (de)	**yüzyıl**	[juzjıl]

REIZEN. HOTEL

20. Trip. Reizen

toerisme (het)	turizm	[turizm]
toerist (de)	turist	[turist]
reis (de)	seyahat	[sejahat]
avontuur (het)	macera	[madʒera]
tocht (de)	gezi	[gezi]
vakantie (de)	izin	[izin]
met vakantie zijn	izinli olmak	[izinli olmak]
rust (de)	istirahat	[istirahat]
trein (de)	tren	[tren]
met de trein	trenle	[trenle]
vliegtuig (het)	uçak	[utʃak]
met het vliegtuig	uçakla	[utʃakla]
met de auto	arabayla	[arabajla]
per schip (bw)	gemide	[gemide]
bagage (de)	bagaj	[bagaʒ]
valies (de)	bavul	[bavul]
bagagekarretje (het)	bagaj arabası	[bagaʒ arabası]
paspoort (het)	pasaport	[pasaport]
visum (het)	vize	[vize]
kaartje (het)	bilet	[bilet]
vliegticket (het)	uçak bileti	[utʃak bileti]
reisgids (de)	rehber	[rehber]
kaart (de)	harita	[harita]
gebied (landelijk ~)	alan	[alan]
plaats (de)	yer	[jer]
exotische bestemming (de)	egzotik	[ekzotik]
exotisch (bn)	egzotik	[ekzotik]
verwonderlijk (bn)	şaşırtıcı	[ʃaʃırtıdʒı]
groep (de)	grup	[grup]
rondleiding (de)	gezi	[gezi]
gids (de)	rehber	[rehber]

21. Hotel

hotel (het)	otel	[otel]
motel (het)	motel	[motel]
3-sterren	üç yıldızlı	[ytʃ jıldızlı]

5-sterren	beş yıldızlı	[beʃ jıldızlı]
overnachten (ww)	kalmak	[kalmak]

kamer (de)	oda	[oda]
eenpersoonskamer (de)	tek kişilik oda	[tek kiʃilik oda]
tweepersoonskamer (de)	iki kişilik oda	[iki kiʃilik oda]
een kamer reserveren	oda ayırtmak	[oda aırtmak]

halfpension (het)	yarım pansiyon	[jarım pansjon]
volpension (het)	tam pansiyon	[tam pansjon]

met badkamer	banyolu	[banjolu]
met douche	duşlu	[duʃlu]
satelliet-tv (de)	uydu televizyonu	[ujdu televizjonu]
airconditioner (de)	klima	[klima]
handdoek (de)	havlu	[havlu]
sleutel (de)	anahtar	[anahtar]

administrateur (de)	idareci	[idaredʒi]
kamermeisje (het)	hizmetçi	[hizmetʃi]
piccolo (de)	hamal	[hamal]
portier (de)	kapıcı	[kapıdʒı]

restaurant (het)	restoran	[restoran]
bar (de)	bar	[bar]
ontbijt (het)	kahvaltı	[kahvaltı]
avondeten (het)	akşam yemeği	[akʃam jemei]
buffet (het)	açık büfe	[atʃık byfe]

hal (de)	lobi	[lobi]
lift (de)	asansör	[asansør]

NIET STOREN	RAHATSIZ ETMEYIN	[rahatsız etmejin]
VERBODEN TE ROKEN!	SİGARA İÇİLMEZ	[sigara itʃilmez]

22. Bezienswaardigheden

monument (het)	anıt	[anıt]
vesting (de)	kale	[kale]
paleis (het)	saray	[saraj]
kasteel (het)	şato	[ʃato]
toren (de)	kule	[kule]
mausoleum (het)	anıtkabir	[anıtkabir]

architectuur (de)	mimarlık	[mimarlık]
middeleeuws (bn)	ortaçağ	[ortatʃaa]
oud (bn)	antik, eski	[antik], [eski]
nationaal (bn)	milli	[milli]
bekend (bn)	meşhur	[meʃhur]

toerist (de)	turist	[turist]
gids (de)	rehber	[rehber]
rondleiding (de)	gezi	[gezi]
tonen (ww)	göstermek	[gøstermek]

vertellen (ww)	anlatmak	[anlatmak]
vinden (ww)	bulmak	[bulmak]
verdwalen (de weg kwijt zijn)	kaybolmak	[kajbolmak]
plattegrond (~ van de metro)	şema	[ʃema]
plattegrond (~ van de stad)	plan	[plan]

souvenir (het)	hediye	[hedije]
souvenirwinkel (de)	hediyelik eşya mağazası	[hedijelik eʃja maazası]
foto's maken	fotoğraf çekmek	[fotoraf tʃekmek]
zich laten fotograferen	fotoğraf çektirmek	[fotoraf tʃektirmek]

VERVOER

23. Vliegveld

luchthaven (de)	havaalanı	[havaalanı]
vliegtuig (het)	uçak	[utʃak]
luchtvaartmaatschappij (de)	hava yolları şirketi	[hava jolları ʃirketi]
luchtverkeersleider (de)	hava trafik kontrolörü	[hava trafik kontroløry]
vertrek (het)	kalkış	[kalkıʃ]
aankomst (de)	varış	[varıʃ]
aankomen (per vliegtuig)	varmak	[varmak]
vertrektijd (de)	kalkış saati	[kalkıʃ saati]
aankomstuur (het)	iniş saati	[iniʃ saati]
vertraagd zijn (ww)	gecikmek	[gedʒikmek]
vluchtvertraging (de)	gecikme	[gedʒikme]
informatiebord (het)	bilgi panosu	[bilgi panosu]
informatie (de)	danışma	[danıʃma]
aankondigen (ww)	anons etmek	[anons etmek]
vlucht (bijv. KLM ~)	uçuş, sefer	[utʃuʃ], [sefer]
douane (de)	gümrük	[gymryk]
douanier (de)	gümrükçü	[gymryktʃu]
douaneaangifte (de)	gümrük beyannamesi	[gymryk bejannamesi]
invullen (douaneaangifte ~)	doldurmak	[doldurmak]
een douaneaangifte invullen	beyanname doldurmak	[bejanname doldurmak]
paspoortcontrole (de)	pasaport kontrol	[pasaport kontrol]
bagage (de)	bagaj	[bagaʒ]
handbagage (de)	el bagajı	[el bagaʒı]
bagagekarretje (het)	bagaj arabası	[bagaʒ arabası]
landing (de)	iniş	[iniʃ]
landingsbaan (de)	iniş pisti	[iniʃ pisti]
landen (ww)	inmek	[inmek]
vliegtuigtrap (de)	uçak merdiveni	[utʃak merdiveni]
inchecken (het)	check-in	[tʃek in]
incheckbalie (de)	kontuar check-in	[kontuar tʃek in]
inchecken (ww)	check-in yapmak	[tʃek in japmak]
instapkaart (de)	biniş kartı	[biniʃ kartı]
gate (de)	çıkış kapısı	[tʃıkıʃ kapısı]
transit (de)	transit	[transit]
wachten (ww)	beklemek	[beklemek]
wachtzaal (de)	bekleme salonu	[bekleme salonu]

| begeleiden (uitwuiven) | yolcu etmek | [joldʒu etmek] |
| afscheid nemen (ww) | vedalaşmak | [vedalaʃmak] |

24. Vliegtuig

vliegtuig (het)	uçak	[utʃak]
vliegticket (het)	uçak bileti	[utʃak bileti]
luchtvaartmaatschappij (de)	hava yolları şirketi	[hava jolları ʃirketi]
luchthaven (de)	havaalanı	[havaalanı]
supersonisch (bn)	sesüstü	[sesysty]

gezagvoerder (de)	kaptan pilot	[kaptan pilot]
bemanning (de)	ekip	[ekip]
piloot (de)	pilot	[pilot]
stewardess (de)	hostes	[hostes]
stuurman (de)	seyrüseferci	[sejryseferdʒi]

vleugels (mv.)	kanatlar	[kanatlar]
staart (de)	kuyruk	[kujruk]
cabine (de)	kabin	[kabin]
motor (de)	motor	[motor]
landingsgestel (het)	iniş takımı	[iniʃ takımı]
turbine (de)	türbin	[tyrbin]
propeller (de)	pervane	[pervane]
zwarte doos (de)	kara kutu	[kara kutu]
stuur (het)	kumanda kolu	[kumanda kolu]
brandstof (de)	yakıt	[jakıt]

veiligheidskaart (de)	güvenlik kartı	[gyvenlik kartı]
zuurstofmasker (het)	oksijen maskesi	[oksiʒen maskesi]
uniform (het)	üniforma	[yniforma]
reddingsvest (de)	can yeleği	[dʒan jelei]
parachute (de)	paraşüt	[paraʃyt]
opstijgen (het)	kalkış	[kalkıʃ]
opstijgen (ww)	kalkmak	[kalkmak]
startbaan (de)	kalkış pisti	[kalkıʃ pisti]

zicht (het)	görüş	[gøryʃ]
vlucht (de)	uçuş	[utʃuʃ]
hoogte (de)	yükseklik	[jukseklik]
luchtzak (de)	hava boşluğu	[hava boʃluu]

plaats (de)	yer	[jer]
koptelefoon (de)	kulaklık	[kulaklık]
tafeltje (het)	katlanır tepsi	[katlanır tepsi]
venster (het)	pencere	[pendʒere]
gangpad (het)	koridor	[koridor]

25. Trein

| trein (de) | tren | [tren] |
| elektrische trein (de) | elektrikli tren | [elektrikli tren] |

sneltrein (de)	hızlı tren	[hızlı tren]
diesellocomotief (de)	dizel lokomotifi	[dizel lokomotifi]
stoomlocomotief (de)	buharlı lokomotif	[buharlı lokomotif]

| rijtuig (het) | vagon | [vagon] |
| restauratierijtuig (het) | vagon restoran | [vagon restoran] |

rails (mv.)	ray	[raj]
spoorweg (de)	demir yolu	[demir jolu]
dwarsligger (de)	travers	[travers]

perron (het)	peron	[peron]
spoor (het)	yol	[jol]
semafoor (de)	semafor	[semafor]
halte (bijv. kleine treinhalte)	istasyon	[istasjon]
machinist (de)	makinist	[makinist]
kruier (de)	hamal	[hamal]
conducteur (de)	kondüktör	[kondyktør]
passagier (de)	yolcu	[joldʒu]
controleur (de)	kondüktör	[kondyktør]

| gang (in een trein) | koridor | [koridor] |
| noodrem (de) | imdat freni | [imdat freni] |

coupé (de)	kompartıman	[kompartıman]
bed (slaapplaats)	yatak	[jatak]
bovenste bed (het)	üst yatak	[yst jatak]
onderste bed (het)	alt yatak	[alt jatak]
beddengoed (het)	yatak takımı	[jatak takımı]
kaartje (het)	bilet	[bilet]
dienstregeling (de)	tarife	[tarife]
informatiebord (het)	sefer tarifesi	[sefer tarifesi]

vertrekken (De trein vertrekt ...)	kalkmak	[kalkmak]
vertrek (ov. een trein)	kalkış	[kalkıʃ]
aankomen (ov. de treinen)	varmak	[varmak]
aankomst (de)	varış	[varıʃ]

aankomen per trein	trenle gelmek	[trenle gelmek]
in de trein stappen	trene binmek	[trene binmek]
uit de trein stappen	trenden inmek	[trenden inmek]

treinwrak (het)	tren enkazı	[tren enkazı]
ontspoord zijn	raydan çıkmak	[rajdan tʃıkmak]
stoomlocomotief (de)	buharlı lokomotif	[buharlı lokomotif]
stoker (de)	ocakçı	[odʒaktʃı]
stookplaats (de)	ocak	[odʒak]
steenkool (de)	kömür	[kømyr]

26. Schip

| schip (het) | gemi | [gemi] |
| vaartuig (het) | tekne | [tekne] |

33

stoomboot (de)	vapur	[vapur]
motorschip (het)	**dizel motorlu gemi**	[dizel motorlu gemi]
lijnschip (het)	**büyük gemi**	[byjuk gemi]
kruiser (de)	**kruvazör**	[kruvazør]

jacht (het)	**yat**	[jat]
sleepboot (de)	**römorkör**	[rømorkør]
duwbak (de)	**yük dubası**	[juk dubası]
ferryboot (de)	**feribot**	[feribot]

| zeilboot (de) | **yelkenli gemi** | [jelkenli gemi] |
| brigantijn (de) | **gulet** | [gulet] |

| ijsbreker (de) | **buzkıran** | [buzkıran] |
| duikboot (de) | **denizaltı** | [denizaltı] |

boot (de)	**kayık**	[kajık]
sloep (de)	**filika**	[filika]
reddingssloep (de)	**cankurtaran filikası**	[dʒankurtaran filikası]
motorboot (de)	**sürat teknesi**	[syrat teknesi]

kapitein (de)	**kaptan**	[kaptan]
zeeman (de)	**tayfa**	[tajfa]
matroos (de)	**denizci**	[denizdʒi]
bemanning (de)	**mürettebat**	[myrettebat]

bootsman (de)	**lostromo**	[lostromo]
scheepsjongen (de)	**miço**	[mitʃo]
kok (de)	**gemi aşçısı**	[gemi aʃtʃısı]
scheepsarts (de)	**gemi doktoru**	[gemi doktoru]

dek (het)	**güverte**	[gyverte]
mast (de)	**direk**	[direk]
zeil (het)	**yelken**	[jelken]

ruim (het)	**ambar**	[ambar]
voorsteven (de)	**geminin baş tarafı**	[geminin baʃ tarafı]
achtersteven (de)	**kıç**	[kıtʃ]
roeispaan (de)	**kürek**	[kyrek]
schroef (de)	**pervane**	[pervane]

kajuit (de)	**kamara**	[kamara]
officierskamer (de)	**subay yemek salonu**	[subaj jemek salonu]
machinekamer (de)	**makine dairesi**	[makine dairesi]
brug (de)	**kaptan köprüsü**	[kaptan køprysy]
radiokamer (de)	**telsiz odası**	[telsiz odası]
radiogolf (de)	**dalga**	[dalga]
logboek (het)	**gemi jurnali**	[gemi ʒurnalı]

verrekijker (de)	**tek dürbün**	[tek dyrbyn]
klok (de)	**çan**	[tʃan]
vlag (de)	**bayrak**	[bajrak]

kabel (de)	**halat**	[halat]
knoop (de)	**düğüm**	[dyjum]
leuning (de)	**vardavela**	[vardavela]

trap (de)	iskele	[iskele]
anker (het)	çapa, demir	[ʧapa], [demir]
het anker lichten	demir almak	[demir almak]
het anker neerlaten	demir atmak	[demir atmak]
ankerketting (de)	çapa zinciri	[ʧapa zindʒiri]

haven (bijv. containerhaven)	liman	[liman]
kaai (de)	iskele, rıhtım	[iskele], [rıhtım]
aanleggen (ww)	yanaşmak	[janaʃmak]
wegvaren (ww)	iskeleden ayrılmak	[iskeleden ajrılmak]

reis (de)	seyahat	[sejahat]
cruise (de)	gemi turu	[gemi turu]
koers (de)	seyir	[sejir]
route (de)	rota	[rota]

vaarwater (het)	seyir koridoru	[sejir koridoru]
zandbank (de)	sığlık	[sıːılık]
stranden (ww)	karaya oturmak	[karaja oturmak]

storm (de)	fırtına	[fırtına]
signaal (het)	sinyal	[sinjal]
zinken (ov. een boot)	batmak	[batmak]
Man overboord!	denize adam düştü	[denize adam dyʃty]
SOS (noodsignaal)	SOS	[es o es]
reddingsboei (de)	can simidi	[dʒan simidi]

STAD

27. Stedelijk vervoer

bus, autobus (de)	**otobüs**	[otobys]
tram (de)	**tramvay**	[tramvaj]
trolleybus (de)	**troleybüs**	[trolejbys]
route (de)	**rota**	[rota]
nummer (busnummer, enz.)	**numara**	[numara]
rijden met …	**… gitmek**	[gitmek]
stappen (in de bus ~)	**… binmek**	[binmek]
afstappen (ww)	**… inmek**	[inmek]
halte (de)	**durak**	[durak]
volgende halte (de)	**sonraki durak**	[sonraki durak]
eindpunt (het)	**son durak**	[son durak]
dienstregeling (de)	**tarife**	[tarife]
wachten (ww)	**beklemek**	[beklemek]
kaartje (het)	**bilet**	[bilet]
reiskosten (de)	**bilet fiyatı**	[bilet fijatı]
kassier (de)	**kasiyer**	[kasijer]
kaartcontrole (de)	**bilet kontrolü**	[bilet kontroly]
controleur (de)	**kondüktör**	[kondyktør]
te laat zijn (ww)	**gecikmek**	[gedʒikmek]
missen (de bus ~)	**… kaçırmak**	[katʃırmak]
zich haasten (ww)	**acele etmek**	[adʒele etmek]
taxi (de)	**taksi**	[taksi]
taxichauffeur (de)	**taksici**	[taksidʒi]
met de taxi (bw)	**taksiyle**	[taksijle]
taxistandplaats (de)	**taksi durağı**	[taksi duraı]
een taxi bestellen	**taksi çağırmak**	[taksi tʃaırmak]
een taxi nemen	**taksi tutmak**	[taksi tutmak]
verkeer (het)	**trafik**	[trafik]
file (de)	**trafik sıkışıklığı**	[trafik sıkıʃıklıːı]
spitsuur (het)	**bitirim ikili**	[bitirim ikili]
parkeren (on.ww.)	**park etmek**	[park etmek]
parkeren (ov.ww.)	**park etmek**	[park etmek]
parking (de)	**park yeri**	[park jeri]
metro (de)	**metro**	[metro]
halte (bijv. kleine treinhalte)	**istasyon**	[istasjon]
de metro nemen	**metroya binmek**	[metroja binmek]
trein (de)	**tren**	[tren]
station (treinstation)	**istasyon**	[istasjon]

28. Stad. Het leven in de stad

stad (de)	kent, şehir	[kent], [ʃehir]
hoofdstad (de)	başkent	[baʃkent]
dorp (het)	köy	[køj]
plattegrond (de)	şehir planı	[ʃehir planı]
centrum (ov. een stad)	şehir merkezi	[ʃehir merkezi]
voorstad (de)	varoş	[varoʃ]
voorstads- (abn)	banliyö	[banljø]
randgemeente (de)	şehir kenarı	[ʃehir kenarı]
omgeving (de)	çevre	[ʧevre]
blok (huizenblok)	mahalle	[mahale]
woonwijk (de)	yerleşim bölgesi	[jerleʃim bølgesi]
verkeer (het)	trafik	[trafik]
verkeerslicht (het)	trafik ışıkları	[trafik ıʃıkları]
openbaar vervoer (het)	toplu taşıma	[toplu taʃıma]
kruispunt (het)	kavşak	[kavʃak]
zebrapad (oversteekplaats)	yaya geçidi	[jaja getʃidi]
onderdoorgang (de)	yeraltı geçidi	[jeraltı getʃidi]
oversteken (de straat ~)	geçmek	[getʃmek]
voetganger (de)	yaya	[jaja]
trottoir (het)	yaya kaldırımı	[jaja kaldırımı]
brug (de)	köprü	[køpry]
dijk (de)	rıhtım	[rıhtım]
fontein (de)	çeşme	[ʧeʃme]
allee (de)	park yolu	[park jolu]
park (het)	park	[park]
boulevard (de)	bulvar	[bulvar]
plein (het)	meydan	[mejdan]
laan (de)	geniş cadde	[geniʃ dʒadde]
straat (de)	sokak, cadde	[sokak], [dʒadde]
zijstraat (de)	ara sokak	[ara sokak]
doodlopende straat (de)	çıkmaz sokak	[ʧıkmaz sokak]
huis (het)	ev	[ev]
gebouw (het)	bina	[bina]
wolkenkrabber (de)	gökdelen	[gøkdelen]
gevel (de)	cephe	[dʒephe]
dak (het)	çatı	[ʧatı]
venster (het)	pencere	[pendʒere]
boog (de)	kemer	[kemer]
pilaar (de)	sütün	[sytyn]
hoek (ov. een gebouw)	köşe	[køʃe]
vitrine (de)	vitrin	[vitrin]
gevelreclame (de)	levha	[levha]
affiche (de/het)	afiş	[afiʃ]
reclameposter (de)	reklam panosu	[reklam panosu]

aanplakbord (het)	reklam panosu	[reklam panosu]
vuilnis (de/het)	çöp	[ʧøp]
vuilnisbak (de)	çöp tenekesi	[ʧøp tenekesi]
afval weggooien (ww)	çöp atmak	[ʧøp atmak]
stortplaats (de)	çöplük	[ʧøplyk]

telefooncel (de)	telefon kulübesi	[telefon kylybesi]
straatlicht (het)	fener direği	[fener direi]
bank (de)	bank	[bank]

politieagent (de)	erkek polis	[erkek polis]
politie (de)	polis	[polis]
zwerver (de)	dilenci	[dilendʒi]
dakloze (de)	evsiz	[evsiz]

29. Stedelijke instellingen

winkel (de)	mağaza	[maaza]
apotheek (de)	eczane	[edʒzane]
optiek (de)	optik	[optik]
winkelcentrum (het)	alışveriş merkezi	[alıʃveriʃ merkezi]
supermarkt (de)	süpermarket	[sypermarket]

bakkerij (de)	ekmekçi dükkânı	[ekmekʧi dykkanı]
bakker (de)	fırıncı	[fırındʒı]
banketbakkerij (de)	pastane	[pastane]
kruidenier (de)	bakkaliye	[bakkalije]
slagerij (de)	kasap dükkanı	[kasap dykkanı]

groentewinkel (de)	manav	[manav]
markt (de)	çarşı	[ʧarʃı]

koffiehuis (het)	kahvehane	[kahvehane]
restaurant (het)	restoran	[restoran]
bar (de)	birahane	[birahane]
pizzeria (de)	pizzacı	[pizadʒı]

kapperssalon (de/het)	kuaför salonu	[kuafør salonu]
postkantoor (het)	postane	[postane]
stomerij (de)	kuru temizleme	[kuru temizleme]
fotostudio (de)	fotoğraf stüdyosu	[fotoraf stydjosu]

schoenwinkel (de)	ayakkabı mağazası	[ajakkabı maazası]
boekhandel (de)	kitabevi	[kitabevi]
sportwinkel (de)	spor mağazası	[spor maazası]

kledingreparatie (de)	elbise tamiri	[elbise tamiri]
kledingverhuur (de)	giysi kiralama	[gijsı kiralama]
videotheek (de)	film kiralama	[film kiralama]

circus (de/het)	sirk	[sirk]
dierentuin (de)	hayvanat bahçesi	[hajvanat bahʧesi]
bioscoop (de)	sinema	[sinema]
museum (het)	müze	[myze]

bibliotheek (de)	kütüphane	[kytyphane]
theater (het)	tiyatro	[tijatro]
opera (de)	opera	[opera]
nachtclub (de)	gece kulübü	[ged͡ʒe kulyby]
casino (het)	kazino	[kazino]
moskee (de)	cami	[d͡ʒami]
synagoge (de)	sinagog	[sinagog]
kathedraal (de)	katedral	[katedral]
tempel (de)	ibadethane	[ibadethane]
kerk (de)	kilise	[kilise]
instituut (het)	enstitü	[enstity]
universiteit (de)	üniversite	[yniversite]
school (de)	okul	[okul]
gemeentehuis (het)	belediye	[beledije]
stadhuis (het)	belediye	[beledije]
hotel (het)	otel	[otel]
bank (de)	banka	[banka]
ambassade (de)	elçilik	[elt͡ʃilik]
reisbureau (het)	seyahat acentesi	[sejahat ad͡ʒentesi]
informatieloket (het)	danışma bürosu	[danɯʃma byrosu]
wisselkantoor (het)	döviz bürosu	[døviz byrosu]
metro (de)	metro	[metro]
ziekenhuis (het)	hastane	[hastane]
benzinestation (het)	benzin istasyonu	[benzin istasjonu]
parking (de)	park yeri	[park jeri]

30. Borden

gevelreclame (de)	levha	[levha]
opschrift (het)	yazı	[jazɯ]
poster (de)	poster, afiş	[poster], [afiʃ]
wegwijzer (de)	işaret	[iʃaret]
pijl (de)	ok	[ok]
waarschuwing (verwittiging)	ikaz, uyarı	[ikaz], [ujarɯ]
waarschuwingsbord (het)	uyarı	[ujarɯ]
waarschuwen (ww)	uyarmak	[ujarmak]
vrije dag (de)	tatil günü	[tatil gyny]
dienstregeling (de)	tarife	[tarife]
openingsuren (mv.)	çalışma saatleri	[t͡ʃalɯʃma saatleri]
WELKOM!	HOŞ GELDİNİZ	[hoʃ geldiniz]
INGANG	GİRİŞ	[giriʃ]
UITGANG	ÇIKIŞ	[t͡ʃɯkɯʃ]
DUWEN	İTİNİZ	[itiniz]
TREKKEN	ÇEKİNİZ	[t͡ʃekiniz]

OPEN	AÇIK	[atʃık]
GESLOTEN	KAPALI	[kapalı]

DAMES	BAYAN	[bajan]
HEREN	BAY	[baj]

KORTING	İNDİRİM	[indirim]
UITVERKOOP	UCUZLUK	[udʒuzluk]
NIEUW!	YENİ	[jeni]
GRATIS	BEDAVA	[bedava]

PAS OP!	DİKKAT!	[dikkat]
VOLGEBOEKT	BOŞ YER YOK	[boʃ jer jok]
GERESERVEERD	REZERVE	[rezerve]

ADMINISTRATIE	MÜDÜR	[mydyr]
ALLEEN VOOR	PERSONEL HARİCİ	[personel haridʒi
PERSONEEL	GİREMEZ	giremez]

GEVAARLIJKE HOND	DİKKAT KÖPEK VAR	[dikkat køpek var]
VERBODEN TE ROKEN!	SİGARA İÇİLMEZ	[sigara itʃilmez]
NIET AANRAKEN!	DOKUNMAK YASAKTIR	[dokunmak jasaktır]

GEVAARLIJK	TEHLİKELİ	[tehlikeli]
GEVAAR	TEHLİKE	[tehlike]
HOOGSPANNING	YÜKSEK GERİLİM	[juksek gerilim]
VERBODEN TE ZWEMMEN	SUYA GİRMEK YASAKTIR	[suja girmek jasaktır]
BUITEN GEBRUIK	HİZMET DIŞI	[hizmet dıʃı]

ONTVLAMBAAR	YANICI MADDE	[janidʒi madde]
VERBODEN	YASAKTIR	[jasaktır]
DOORGANG VERBODEN	GİRMEK YASAKTIR	[girmek jasaktır]
OPGELET PAS GEVERFD	DİKKAT ISLAK BOYA	[dikkat ıslak boja]

31. Winkelen

kopen (ww)	satın almak	[satın almak]
aankoop (de)	satın alınan şey	[satın alınan ʃej]
winkelen (ww)	alışverişe gitmek	[alıʃveriʃe gitmek]
winkelen (het)	alışveriş	[alıʃveriʃ]

open zijn	çalışmak	[tʃalıʃmak]
(ov. een winkel, enz.)		
gesloten zijn (ww)	kapanmak	[kapanmak]

schoeisel (het)	ayakkabı	[ajakkabı]
kleren (mv.)	elbise	[elbise]
cosmetica (mv.)	kozmetik	[kozmetik]
voedingswaren (mv.)	gıda ürünleri	[gıda jurynleri]
geschenk (het)	hediye	[hedije]

verkoper (de)	satıcı	[satıdʒı]
verkoopster (de)	satıcı kadın	[satıdʒı kadın]
kassa (de)	kasa	[kasa]

spiegel (de)	ayna	[ajna]
toonbank (de)	tezgâh	[tezgjah]
paskamer (de)	deneme kabini	[deneme kabini]

aanpassen (ww)	prova yapmak	[prova japmak]
passen (ov. kleren)	uymak	[ujmak]
bevallen (prettig vinden)	hoşlanmak	[hoʃlanmak]

prijs (de)	fiyat	[fijat]
prijskaartje (het)	fiyat etiketi	[fijat etiketleri]
kosten (ww)	değerinde olmak	[deerinde olmak]
Hoeveel?	Kaç?	[katʃ]
korting (de)	indirim	[indirim]

niet duur (bn)	masrafsız	[masrafsıs]
goedkoop (bn)	ucuz	[udʒuz]
duur (bn)	pahalı	[pahalı]
Dat is duur.	bu pahalıdır	[bu pahalıdır]

verhuur (de)	kira	[kira]
huren (smoking, enz.)	kiralamak	[kiralamak]
krediet (het)	kredi	[kredi]
op krediet (bw)	krediyle	[kredijle]

KLEDING EN ACCESSOIRES

32. Bovenkleding. Jassen

kleren (mv.)	elbise, kıyafet	[elbise], [kıjafet]
bovenkleding (de)	üst kıyafet	[yst kıjafet]
winterkleding (de)	kışlık kıyafet	[kıʃlık kıjafet]
jas (de)	palto	[palto]
bontjas (de)	kürk manto	[kyrk manto]
bontjasje (het)	kürk ceket	[kyrk dʒeket]
donzen jas (de)	ceket aşağı	[dʒeket aʃaı]
jasje (bijv. een leren ~)	ceket	[dʒeket]
regenjas (de)	trençkot	[trentʃkot]
waterdicht (bn)	su geçirmez	[su getʃirmez]

33. Heren & dames kleding

overhemd (het)	gömlek	[gømlek]
broek (de)	pantolon	[pantolon]
jeans (de)	kot pantolon	[kot pantolon]
colbert (de)	ceket	[dʒeket]
kostuum (het)	takım elbise	[takım elbise]
jurk (de)	elbise, kıyafet	[elbise], [kıjafet]
rok (de)	etek	[etek]
blouse (de)	gömlek, bluz	[gømlek], [bluz]
wollen vest (de)	hırka	[hırka]
blazer (kort jasje)	ceket	[dʒeket]
T-shirt (het)	tişört	[tiʃørt]
shorts (mv.)	şort	[ʃort]
trainingspak (het)	eşofman	[eʃofman]
badjas (de)	bornoz	[bornoz]
pyjama (de)	pijama	[piʒama]
sweater (de)	süveter	[syveter]
pullover (de)	pulover	[pulover]
gilet (het)	yelek	[jelek]
rokkostuum (het)	frak	[frak]
smoking (de)	smokin	[smokin]
uniform (het)	üniforma	[yniforma]
werkkleding (de)	iş elbisesi	[iʃ elbisesi]
overall (de)	tulum	[tulum]
doktersjas (de)	önlük	[ønlyk]

34. Kleding. Ondergoed

ondergoed (het)	iç çamaşırı	[itʃ tʃamaʃırı]
herenslip (de)	şort külot	[ʃort kylot]
slipjes (mv.)	bayan külot	[bajan kylot]
onderhemd (het)	atlet	[atlet]
sokken (mv.)	kısa çorap	[kısa tʃorap]
nachthemd (het)	gecelik	[gedʒelik]
beha (de)	sutyen	[sutjen]
kniekousen (mv.)	diz hizası çorap	[diz hizası tʃorap]
panty (de)	külotlu çorap	[kyløtly tʃorap]
nylonkousen (mv.)	çorap	[tʃorap]
badpak (het)	mayo	[majo]

35. Hoofddeksels

hoed (de)	şapka	[ʃapka]
deukhoed (de)	fötr şapka	[føtr ʃapka]
honkbalpet (de)	beyzbol şapkası	[bejzbol ʃapkası]
kleppet (de)	kasket	[kasket]
baret (de)	bere	[bere]
kap (de)	kapüşon	[kapyʃon]
panamahoed (de)	panama	[panama]
gebreide muts (de)	örgü şapka	[ørgy ʃapka]
hoofddoek (de)	başörtüsü	[baʃ ørtysy]
dameshoed (de)	kadın şapkası	[kadın ʃapkası]
veiligheidshelm (de)	baret, kask	[baret], [kask]
veldmuts (de)	kayık kep	[kajık kep]
helm, valhelm (de)	kask	[kask]
bolhoed (de)	melon şapka	[melon ʃapka]
hoge hoed (de)	silindir şapka	[silindir ʃapka]

36. Schoeisel

schoeisel (het)	ayakkabı	[ajakkabı]
schoenen (mv.)	potinler	[potinler]
vrouwenschoenen (mv.)	ayakkabılar	[ajakkabılar]
laarzen (mv.)	çizmeler	[tʃizmeler]
pantoffels (mv.)	terlik	[terlik]
sportschoenen (mv.)	tenis ayakkabısı	[tenis ajakkabısı]
sneakers (mv.)	spor ayakkabısı	[spor ajakkabısı]
sandalen (mv.)	sandalet	[sandalet]
schoenlapper (de)	ayakkabıcı	[ajakkabıdʒı]
hiel (de)	topuk	[topuk]

paar (een ~ schoenen)	bir çift ayakkabı	[bir tʃift ajakkabı]
veter (de)	bağ	[baa]
rijgen (schoenen ~)	bağlamak	[baalamak]
schoenlepel (de)	kaşık	[kaʃık]
schoensmeer (de/het)	ayakkabı boyası	[ajakkabı bojası]

37. Persoonlijke accessoires

handschoenen (mv.)	eldiven	[eldiven]
wanten (mv.)	tek parmaklı eldiven	[tek parmaklı eldiven]
sjaal (fleece ~)	atkı	[atkı]

bril (de)	gözlük	[gøzlyk]
brilmontuur (het)	çerçeve	[tʃertʃeve]
paraplu (de)	şemsiye	[ʃemsije]
wandelstok (de)	baston	[baston]
haarborstel (de)	saç fırçası	[satʃ fırtʃası]
waaier (de)	yelpaze	[jelpaze]

das (de)	kravat	[kravat]
strikje (het)	papyon	[papjon]
bretels (mv.)	pantolon askısı	[pantolon askısı]
zakdoek (de)	mendil	[mendil]

kam (de)	tarak	[tarak]
haarspeldje (het)	toka	[toka]
schuifspeldje (het)	firkete	[firkete]
gesp (de)	kemer tokası	[kemer tokası]

broekriem (de)	kemer	[kemer]
draagriem (de)	kayış	[kajıʃ]

handtas (de)	çanta	[tʃanta]
damestas (de)	bayan çantası	[bajan tʃantası]
rugzak (de)	arka çantası	[arka tʃantası]

38. Kleding. Diversen

mode (de)	moda	[moda]
de mode (bn)	modaya uygun	[modaja ujgun]
kledingstilist (de)	modelci	[modeldʒi]

kraag (de)	yaka	[jaka]
zak (de)	cep	[dʒep]
zak- (abn)	cep	[dʒep]
mouw (de)	kol	[kol]
lusje (het)	askı	[askı]
gulp (de)	pantolon fermuarı	[pantolon fermuarı]

rits (de)	fermuar	[fermuar]
sluiting (de)	kopça	[koptʃa]
knoop (de)	düğme	[dyjme]

| knoopsgat (het) | düğme iliği | [dyjme ili:i] |
| losraken (bijv. knopen) | kopmak | [kopmak] |

naaien (kleren, enz.)	dikmek	[dikmek]
borduren (ww)	nakış işlemek	[nakıʃ iʃlemek]
borduursel (het)	nakış	[nakıʃ]
naald (de)	iğne	[i:ine]
draad (de)	iplik	[iplik]
naad (de)	dikiş	[dikiʃ]

vies worden (ww)	kirlenmek	[kirlenmek]
vlek (de)	leke	[leke]
gekreukt raken (ov. kleren)	buruşmak	[buruʃmak]
scheuren (ov.ww.)	yırtmak	[jırtmak]
mot (de)	güve	[gyve]

39. Persoonlijke verzorging. Schoonheidsmiddelen

tandpasta (de)	diş macunu	[diʃ madʒunu]
tandenborstel (de)	diş fırçası	[diʃ fırtʃası]
tanden poetsen (ww)	dişlerini fırçalamak	[diʃlerini fırtʃalamak]

scheermes (het)	jilet	[ʒilet]
scheerschuim (het)	tıraş kremi	[tıraʃ kremi]
zich scheren (ww)	tıraş olmak	[tıraʃ olmak]

| zeep (de) | sabun | [sabun] |
| shampoo (de) | şampuan | [ʃampuan] |

schaar (de)	makas	[makas]
nagelvijl (de)	tırnak törpüsü	[tırnak tørpysy]
nagelknipper (de)	tırnak makası	[tırnak makası]
pincet (het)	cımbız	[dʒımbız]

cosmetica (mv.)	kozmetik	[kozmetik]
masker (het)	yüz maskesi	[juz maskesi]
manicure (de)	manikür	[manikyr]
manicure doen	manikür yapmak	[manikyr japmak]
pedicure (de)	pedikür	[pedikyr]

cosmetica tasje (het)	makyaj çantası	[makjaʒ tʃantası]
poeder (de/het)	pudra	[pudra]
poederdoos (de)	pudralık	[pudralık]
rouge (de)	allık	[allık]

parfum (de/het)	parfüm	[parfym]
eau de toilet (de)	parfüm suyu	[parfym suju]
lotion (de)	losyon	[losjon]
eau de cologne (de)	kolonya	[kolonja]

oogschaduw (de)	far	[far]
oogpotlood (het)	göz kalemi	[gøz kalemi]
mascara (de)	rimel	[rimel]
lippenstift (de)	ruj	[ruʒ]

nagellak (de)	oje	[oʒe]
haarlak (de)	saç spreyi	[satʃ spreji]
deodorant (de)	deodorant	[deodorant]

crème (de)	krem	[krem]
gezichtscrème (de)	yüz kremi	[juz kremi]
handcrème (de)	el kremi	[el kremi]
antirimpelcrème (de)	kırışıklık giderici krem	[kırıʃıklık gideridʒi krem]
dagcrème (de)	gündüz kremi	[gyndyz krem]
nachtcrème (de)	gece kremi	[gedʒe kremi]
dag- (abn)	gündüz	[gyndyz]
nacht- (abn)	gece	[gedʒe]

tampon (de)	tampon	[tampon]
toiletpapier (het)	tuvalet kağıdı	[tuvalet kaıdı]
föhn (de)	saç kurutma makinesi	[satʃ kurutma makinesi]

40. Horloges. Klokken

polshorloge (het)	el saati	[el saati]
wijzerplaat (de)	kadran	[kadran]
wijzer (de)	akrep, yelkovan	[akrep], [jelkovan]
metalen horlogeband (de)	metal kordon	[metal kordon]
horlogebandje (het)	kayış	[kajıʃ]

batterij (de)	pil	[pil]
leeg zijn (ww)	bitmek	[bitmek]
batterij vervangen	pil değiştirmek	[pil deiʃtirmek]
voorlopen (ww)	ileri gitmek	[ileri gitmek]
achterlopen (ww)	geride kalmak	[geride kalmak]

wandklok (de)	duvar saati	[duvar saati]
zandloper (de)	kum saati	[kum saati]
zonnewijzer (de)	güneş saati	[gyneʃ saati]
wekker (de)	çalar saat	[tʃalar saat]
horlogemaker (de)	saatçi	[saatʃi]
repareren (ww)	tamir etmek	[tamir etmek]

ALLEDAAGSE ERVARING

41. Geld

geld (het)	para	[para]
ruil (de)	kambiyo	[kambijo]
koers (de)	kur	[kur]
geldautomaat (de)	bankamatik	[bankamatik]
muntstuk (de)	para	[para]
dollar (de)	dolar	[dolar]
euro (de)	Euro	[juro]
lire (de)	liret	[liret]
Duitse mark (de)	Alman markı	[alman markı]
frank (de)	frank	[frank]
pond sterling (het)	İngiliz sterlini	[ingiliz sterlini]
yen (de)	yen	[jen]
schuld (geldbedrag)	borç	[bortʃ]
schuldenaar (de)	borçlu	[bortʃlu]
uitlenen (ww)	borç vermek	[bortʃ vermek]
lenen (geld ~)	borç almak	[bortʃ almak]
bank (de)	banka	[banka]
bankrekening (de)	hesap	[hesap]
op rekening storten	para yatırmak	[para jatırmak]
opnemen (ww)	hesaptan çekmek	[hesaptan tʃekmek]
kredietkaart (de)	kredi kartı	[kredi kartı]
baar geld (het)	nakit para	[nakit para]
cheque (de)	çek	[tʃek]
een cheque uitschrijven	çek yazmak	[tʃek jazmak]
chequeboekje (het)	çek defteri	[tʃek defteri]
portefeuille (de)	cüzdan	[dʒyzdan]
geldbeugel (de)	para cüzdanı	[para dʒyzdanı]
safe (de)	para kasası	[para kasası]
erfgenaam (de)	mirasçı	[mirastʃı]
erfenis (de)	miras	[miras]
fortuin (het)	varlık	[varlık]
huur (de)	kira	[kira]
huurprijs (de)	ev kirası	[ev kirası]
huren (huis, kamer)	kiralamak	[kiralamak]
prijs (de)	fiyat	[fijat]
kostprijs (de)	maliyet	[malijet]
som (de)	toplam	[toplam]

uitgeven (geld besteden)	harcamak	[hardʒamak]
kosten (mv.)	masraflar	[masraflar]
bezuinigen (ww)	idareli kullanmak	[idareli kullanmak]
zuinig (bn)	tutumlu	[tutumlu]
betalen (ww)	ödemek	[ødemek]
betaling (de)	ödeme	[ødeme]
wisselgeld (het)	para üstü	[para justy]
belasting (de)	vergi	[vergi]
boete (de)	ceza	[dʒeza]
beboeten (bekeuren)	ceza kesmek	[dʒeza kesmek]

42. Post. Postkantoor

postkantoor (het)	postane	[postane]
post (de)	posta	[posta]
postbode (de)	postacı	[postadʒı]
openingsuren (mv.)	çalışma saatleri	[tʃalıʃma saatleri]
brief (de)	mektup	[mektup]
aangetekende brief (de)	taahhütlü mektup	[ta:hhytly mektup]
briefkaart (de)	kart	[kart]
telegram (het)	telgraf	[telgraf]
postpakket (het)	koli	[koli]
overschrijving (de)	para havalesi	[para havalesi]
ontvangen (ww)	almak	[almak]
sturen (zenden)	göndermek	[gøndermek]
verzending (de)	gönderme	[gønderme]
adres (het)	adres	[adres]
postcode (de)	endeks, indeks	[endeks], [indeks]
verzender (de)	gönderen	[gønderen]
ontvanger (de)	alıcı	[alıdʒı]
naam (de)	ad, isim	[ad], [isim]
achternaam (de)	soyadı	[sojadı]
tarief (het)	tarife	[tarife]
standaard (bn)	normal	[normal]
zuinig (bn)	ekonomik	[ekonomik]
gewicht (het)	ağırlık	[aırlık]
afwegen (op de weegschaal)	tartmak	[tartmak]
envelop (de)	zarf	[zarf]
postzegel (de)	pul	[pul]

43. Bankieren

bank (de)	banka	[banka]
bankfiliaal (het)	banka şubesi	[banka ʃubesı]

| bankbediende (de) | danışman | [danıʃman] |
| manager (de) | yönetici | [jønetidʒi] |

bankrekening (de)	hesap	[hesap]
rekeningnummer (het)	hesap numarası	[hesap numarası]
lopende rekening (de)	çek hesabı	[tʃek hesabı]
spaarrekening (de)	mevduat hesabı	[mevduat hesabı]

een rekening openen	hesap açmak	[hesap atʃmak]
de rekening sluiten	hesap kapatmak	[hesap kapatmak]
op rekening storten	para yatırmak	[para jatırmak]
opnemen (ww)	hesaptan çekmek	[hesaptan tʃekmek]

storting (de)	mevduat	[mevduat]
een storting maken	depozito vermek	[depozito vermek]
overschrijving (de)	havale	[havale]
een overschrijving maken	havale etmek	[havale etmek]

| som (de) | toplam | [toplam] |
| Hoeveel? | Kaç? | [katʃ] |

| handtekening (de) | imza | [imza] |
| ondertekenen (ww) | imzalamak | [imzalamak] |

kredietkaart (de)	kredi kartı	[kredi kartı]
code (de)	kod	[kod]
kredietkaartnummer (het)	kredi kartı numarası	[kredi kartı numarası]
geldautomaat (de)	bankamatik	[bankamatik]

cheque (de)	çek	[tʃek]
een cheque uitschrijven	çek yazmak	[tʃek jazmak]
chequeboekje (het)	çek defteri	[tʃek defteri]

lening, krediet (de)	kredi	[kredi]
een lening aanvragen	krediye başvurmak	[kredije baʃvurmak]
een lening nemen	kredi almak	[kredi almak]
een lening verlenen	kredi vermek	[kredi vermek]
garantie (de)	garanti	[garanti]

44. Telefoon. Telefoongesprek

telefoon (de)	telefon	[telefon]
mobieltje (het)	cep telefonu	[dʒep telefonu]
antwoordapparaat (het)	telesekreter	[telesekreter]

| bellen (ww) | telefonla aramak | [telefonla aramak] |
| belletje (telefoontje) | arama, görüşme | [arama], [gøryʃme] |

een nummer draaien	numarayı aramak	[numarajı aramak]
Hallo!	Alo!	[alø]
vragen (ww)	sormak	[sormak]
antwoorden (ww)	cevap vermek	[dʒevap vermek]
horen (ww)	duymak	[dujmak]
goed (bw)	iyi	[iji]

49

| slecht (bw) | kötü | [køty] |
| storingen (mv.) | parazit | [parazit] |

hoorn (de)	telefon ahizesi	[telefon ahizesi]
opnemen (ww)	açmak telefonu	[atʃmak telefonu]
ophangen (ww)	telefonu kapatmak	[telefonu kapatmak]

bezet (bn)	meşgul	[meʃgul]
overgaan (ww)	çalmak	[tʃalmak]
telefoonboek (het)	telefon rehberi	[telefon rehberi]

lokaal (bn)	şehiriçi	[ʃehiritʃi]
interlokaal (bn)	şehirlerarası	[ʃehirlerarası]
buitenlands (bn)	uluslararası	[uluslar arası]

45. Mobiele telefoon

mobieltje (het)	cep telefonu	[dʒep telefonu]
scherm (het)	ekran	[ekran]
toets, knop (de)	düğme	[dyjme]
simkaart (de)	SIM kartı	[sim kartı]

batterij (de)	pil	[pil]
leeg zijn (ww)	bitmek	[bitmek]
acculader (de)	şarj cihazı	[ʃarʒ dʒihazı]

menu (het)	menü	[meny]
instellingen (mv.)	ayarlar	[ajarlar]
melodie (beltoon)	melodi	[melodi]
selecteren (ww)	seçmek	[setʃmek]

rekenmachine (de)	hesaplamalar	[hesaplamanar]
voicemail (de)	söz postası	[søz postası]
wekker (de)	çalar saat	[tʃalar saat]
contacten (mv.)	rehber	[rehber]

| SMS-bericht (het) | SMS mesajı | [esemes mesaʒı] |
| abonnee (de) | abone | [abone] |

46. Schrijfbehoeften

| balpen (de) | tükenmez kalem | [tykenmez kalem] |
| vulpen (de) | dolma kalem | [dolma kalem] |

potlood (het)	kurşun kalem	[kurʃun kalem]
marker (de)	fosforlu kalem	[fosforlu kalem]
viltstift (de)	keçeli kalem	[ketʃeli kalem]

notitieboekje (het)	not defteri	[not defteri]
agenda (boekje)	ajanda	[aʒanda]
liniaal (de/het)	cetvel	[dʒetvel]
rekenmachine (de)	hesap makinesi	[hesap makinesi]

gom (de)	silgi	[silgi]
punaise (de)	raptiye	[raptije]
paperclip (de)	ataş	[ataʃ]

lijm (de)	yapıştırıcı	[japıʃtırıdʒı]
nietmachine (de)	zımba	[zımba]
perforator (de)	delgeç	[delgetʃ]
potloodslijper (de)	kalemtıraş	[kalem tıraʃ]

47. Vreemde talen

taal (de)	dil	[dil]
vreemd (bn)	yabancı	[jabandʒı]
vreemde taal (de)	yabancı dil	[jabandʒı dil]
leren (bijv. van buiten ~)	öğrenim görmek	[ø:renim gørmek]
studeren (Nederlands ~)	öğrenmek	[ø:renmek]

lezen (ww)	okumak	[okumak]
spreken (ww)	konuşmak	[konuʃmak]
begrijpen (ww)	anlamak	[anlamak]
schrijven (ww)	yazmak	[jazmak]

snel (bw)	çabuk	[tʃabuk]
langzaam (bw)	yavaş	[javaʃ]
vloeiend (bw)	akıcı bir şekilde	[akıdʒı bir ʃekilde]

regels (mv.)	kurallar	[kurallar]
grammatica (de)	gramer	[gramer]
vocabulaire (het)	kelime hazinesi	[kelime hazinesi]
fonetiek (de)	fonetik	[fonetik]

leerboek (het)	ders kitabı	[ders kitabı]
woordenboek (het)	sözlük	[søzlyk]
leerboek (het) voor zelfstudie	öz eğitim rehberi	[øz eitim rehberi]
taalgids (de)	konuşma kılavuzu	[konuʃma kılavuzu]

cassette (de)	kaset	[kaset]
videocassette (de)	videokaset	[videokaset]
CD (de)	CD	[sidi]
DVD (de)	DVD	[dividi]

alfabet (het)	alfabe	[alfabe]
spellen (ww)	hecelemek	[hedʒelemek]
uitspraak (de)	telâffuz	[telaffyz]

accent (het)	aksan	[aksan]
met een accent (bw)	aksan ile	[aksan ile]
zonder accent (bw)	aksansız	[aksansız]

| woord (het) | kelime | [kelime] |
| betekenis (de) | mana | [mana] |

| cursus (de) | kurslar | [kurslar] |
| zich inschrijven (ww) | yazılmak | [jazılmak] |

leraar (de)	**öğretmen**	[øːretmen]
vertaling (een ~ maken)	**çeviri**	[ʧeviri]
vertaling (tekst)	**tercüme**	[terʤyme]
vertaler (de)	**çevirmen**	[ʧevirmen]
tolk (de)	**tercüman**	[terʤyman]
polyglot (de)	**birçok dil bilen**	[birʧok dil bilen]
geheugen (het)	**hafıza**	[hafıza]

MAALTIJDEN. RESTAURANT

48. Tafelschikking

lepel (de)	kaşık	[kaʃık]
mes (het)	bıçak	[bıtʃak]
vork (de)	çatal	[tʃatal]
kopje (het)	fincan	[findʒan]
bord (het)	tabak	[tabak]
schoteltje (het)	fincan tabağı	[findʒan tabaı]
servet (het)	peçete	[petʃete]
tandenstoker (de)	kürdan	[kyrdan]

49. Restaurant

restaurant (het)	restoran	[restoran]
koffiehuis (het)	kahvehane	[kahvehane]
bar (de)	bar	[bar]
tearoom (de)	çay salonu	[tʃaj salonu]
kelner, ober (de)	garson	[garson]
serveerster (de)	kadın garson	[kadın garson]
barman (de)	barmen	[barmen]
menu (het)	menü	[meny]
wijnkaart (de)	şarap listesi	[ʃarap listesi]
een tafel reserveren	masa ayırtmak	[masa ajırtmak]
gerecht (het)	yemek	[jemek]
bestellen (eten ~)	sipariş etmek	[sipariʃ etmek]
een bestelling maken	sipariş vermek	[sipariʃ vermek]
aperitief (de/het)	aperatif	[aperatif]
voorgerecht (het)	çerez	[tʃerez]
dessert (het)	tatlı	[tatlı]
rekening (de)	hesap	[hesap]
de rekening betalen	hesabı ödemek	[hesabı ødemek]
wisselgeld teruggeven	para üstü vermek	[para justy vermek]
fooi (de)	bahşiş	[bahʃiʃ]

50. Maaltijden

eten (het)	yemek	[jemek]
eten (ww)	yemek	[jemek]

ontbijt (het)	kahvaltı	[kahvaltı]
ontbijten (ww)	kahvaltı yapmak	[kahvaltı japmak]
lunch (de)	öğle yemeği	[ø:le jemei]
lunchen (ww)	öğle yemeği yemek	[ø:le jemei jemek]
avondeten (het)	akşam yemeği	[akʃam jemei]
souperen (ww)	akşam yemeği yemek	[akʃam jemei jemek]

eetlust (de)	iştah	[iʃtah]
Eet smakelijk!	Afiyet olsun!	[afijet olsun]

openen (een fles ~)	açmak	[atʃmak]
morsen (koffie, enz.)	dökmek	[døkmek]
zijn gemorst	dökülmek	[døkylmek]

koken (water kookt bij 100°C)	kaynamak	[kajnamak]
koken (Hoe om water te ~)	kaynatmak	[kajnatmak]
gekookt (~ water)	kaynamış	[kajnamıʃ]
afkoelen (koeler maken)	serinletmek	[serinletmek]
afkoelen (koeler worden)	serinleşmek	[serinleʃmek]

smaak (de)	tat	[tat]
nasmaak (de)	ağızda kalan tat	[aızda kalan tat]

volgen een dieet	zayıflamak	[zajıflamak]
dieet (het)	rejim, diyet	[reʒim], [dijet]
vitamine (de)	vitamin	[vitamin]
calorie (de)	kalori	[kalori]
vegetariër (de)	vejetaryen kimse	[vedʒetarien kimse]
vegetarisch (bn)	vejetaryen	[vedʒetarien]

vetten (mv.)	yağlar	[jaalar]
eiwitten (mv.)	proteinler	[proteinler]
koolhydraten (mv.)	karbonhidratlar	[karbonhidratlar]
snede (de)	dilim	[dilim]
stuk (bijv. een ~ taart)	parça	[partʃa]
kruimel (de)	kırıntı	[kırıntı]

51. Bereide gerechten

gerecht (het)	yemek	[jemek]
keuken (bijv. Franse ~)	mutfak	[mutfak]
recept (het)	yemek tarifi	[jemek tarifı]
portie (de)	porsiyon	[porsijon]

salade (de)	salata	[salata]
soep (de)	çorba	[tʃorba]

bouillon (de)	et suyu	[et suju]
boterham (de)	sandviç	[sandvitʃ]
spiegelei (het)	sahanda yumurta	[sahanda jumurta]

hamburger (de)	hamburger	[hamburger]
biefstuk (de)	biftek	[biftek]
garnering (de)	garnitür	[garnityr]

spaghetti (de)	spagetti	[spagetti]
aardappelpuree (de)	patates püresi	[patates pyresi]
pizza (de)	pizza	[pizza]
pap (de)	lâpa	[lapa]
omelet (de)	omlet	[omlet]

gekookt (in water)	pişmiş	[piʃmiʃ]
gerookt (bn)	tütsülenmiş, füme	[tytsylenmiʃ], [fyme]
gebakken (bn)	kızartılmış	[kɪzartɪlmɪʃ]
gedroogd (bn)	kuru	[kuru]
diepvries (bn)	dondurulmuş	[dondurulmuʃ]
gemarineerd (bn)	turşu	[turʃu]

zoet (bn)	tatlı	[tatlɪ]
gezouten (bn)	tuzlu	[tuzlu]
koud (bn)	soğuk	[souk]
heet (bn)	sıcak	[sɪdʒak]
bitter (bn)	acı	[adʒɪ]
lekker (bn)	tatlı, lezzetli	[tatlɪ], [lezzetlɪ]

koken (in kokend water)	kaynatmak	[kajnatmak]
bereiden (avondmaaltijd ~)	pişirmek	[piʃirmek]
bakken (ww)	kızartmak	[kɪzartmak]
opwarmen (ww)	ısıtmak	[ɪsɪtmak]

zouten (ww)	tuzlamak	[tuzlamak]
peperen (ww)	biberlemek	[biberlemek]
raspen (ww)	rendelemek	[rendelemek]
schil (de)	kabuk	[kabuk]
schillen (ww)	soymak	[sojmak]

52. Voedsel

vlees (het)	et	[et]
kip (de)	tavuk eti	[tavuk eti]
kuiken (het)	civciv	[dʒiv dʒiv]
eend (de)	ördek	[ørdek]
gans (de)	kaz	[kaz]
wild (het)	av hayvanları	[av hajvanlarɪ]
kalkoen (de)	hindi	[hindi]

varkensvlees (het)	domuz eti	[domuz eti]
kalfsvlees (het)	dana eti	[dana eti]
schapenvlees (het)	koyun eti	[kojun eti]
rundvlees (het)	sığır eti	[sɪːɪr eti]
konijnenvlees (het)	tavşan eti	[tavʃan eti]

worst (de)	sucuk, sosis	[sudʒuk], [sosis]
saucijs (de)	sosis	[sosis]
spek (het)	domuz pastırması	[domuz pastɪrmasɪ]
ham (de)	jambon	[ʒambon]
gerookte achterham (de)	tütsülenmiş jambon	[tytsylenmiʃ ʒambon]
paté (de)	ezme	[ezme]
lever (de)	karaciğer	[karadʒier]

| gehakt (het) | kıyma | [kɪjma] |
| tong (de) | dil | [dil] |

ei (het)	yumurta	[jumurta]
eieren (mv.)	yumurtalar	[jumurtalar]
eiwit (het)	yumurta akı	[jumurta akı]
eigeel (het)	yumurta sarısı	[jumurta sarısı]

vis (de)	balık	[balık]
zeevruchten (mv.)	deniz ürünleri	[deniz yrynleri]
kaviaar (de)	havyar	[havjar]

krab (de)	yengeç	[jengetʃ]
garnaal (de)	karides	[karides]
oester (de)	istiridye	[istiridje]
langoest (de)	langust	[langust]
octopus (de)	ahtapot	[ahtapot]
inktvis (de)	kalamar	[kalamar]

steur (de)	mersin balığı	[mersin balı:ı]
zalm (de)	som balığı	[som balı:ı]
heilbot (de)	pisi balığı	[pisi balı:ı]

kabeljauw (de)	morina balığı	[morina balı:ı]
makreel (de)	uskumru	[uskumru]
tonijn (de)	ton balığı	[ton balı:ı]
paling (de)	yılan balığı	[jɪlan balı:ı]

forel (de)	alabalık	[alabalık]
sardine (de)	sardalye	[sardalje]
snoek (de)	turna balığı	[turna balı:ı]
haring (de)	ringa	[ringa]

brood (het)	ekmek	[ekmek]
kaas (de)	peynir	[pejnir]
suiker (de)	şeker	[ʃeker]
zout (het)	tuz	[tuz]

rijst (de)	pirinç	[pirintʃ]
pasta (de)	makarna	[makarna]
noedels (mv.)	erişte	[eriʃte]

boter (de)	tereyağı	[terejaı]
plantaardige olie (de)	bitkisel yağ	[bitkisel jaa]
zonnebloemolie (de)	ayçiçeği yağı	[ajtʃitʃeı jaı]
margarine (de)	margarin	[margarin]

| olijven (mv.) | zeytin | [zejtin] |
| olijfolie (de) | zeytin yağı | [zejtin jaı] |

melk (de)	süt	[syt]
gecondenseerde melk (de)	yoğunlaştırılmış süt	[jounlaʃtırılmıʃ syt]
yoghurt (de)	yoğurt	[jourt]
zure room (de)	ekşi krema	[ekʃi krema]
room (de)	süt kaymağı	[syt kajmaı]
mayonaise (de)	mayonez	[majonez]

crème (de)	krema	[krema]
graan (het)	tane	[tane]
meel (het), bloem (de)	un	[un]
conserven (mv.)	konserve	[konserve]

maïsvlokken (mv.)	mısır gevreği	[mısır gevrei]
honing (de)	bal	[bal]
jam (de)	reçel, marmelat	[retʃel], [marmelat]
kauwgom (de)	sakız, çiklet	[sakız], [tʃiklet]

53. Drankjes

water (het)	su	[su]
drinkwater (het)	içme suyu	[itʃme suju]
mineraalwater (het)	maden suyu	[maden suju]

zonder gas	gazsız	[gazsız]
koolzuurhoudend (bn)	gazlı	[gazlı]
bruisend (bn)	maden	[maden]
ijs (het)	buz	[buz]
met ijs	buzlu	[buzlu]

alcohol vrij (bn)	alkolsüz	[alkolsyz]
alcohol vrije drank (de)	alkolsüz içki	[alkolsyz itʃki]
frisdrank (de)	soğuk meşrubat	[souk meʃrubat]
limonade (de)	limonata	[limonata]

alcoholische dranken (mv.)	alkollü içkiler	[alkolly itʃkiler]
wijn (de)	şarap	[ʃarap]
witte wijn (de)	beyaz şarap	[bejaz ʃarap]
rode wijn (de)	kırmızı şarap	[kırmızı ʃarap]

likeur (de)	likör	[likør]
champagne (de)	şampanya	[ʃampanja]
vermout (de)	vermut	[vermut]

whisky (de)	viski	[viski]
wodka (de)	votka	[votka]
gin (de)	cin	[dʒin]
cognac (de)	konyak	[konjak]
rum (de)	rom	[rom]

koffie (de)	kahve	[kahve]
zwarte koffie (de)	siyah kahve	[sijah kahve]
koffie (de) met melk	sütlü kahve	[sytly kahve]
cappuccino (de)	kaymaklı kahve	[kajmaklı kahve]
oploskoffie (de)	hazır kahve	[hazır kahve]

melk (de)	süt	[syt]
cocktail (de)	kokteyl	[koktejl]
milkshake (de)	sütlü kokteyl	[sytly koktejl]

sap (het)	meyve suyu	[mejve suju]
tomatensap (het)	domates suyu	[domates suju]

sinaasappelsap (het)	portakal suyu	[portakal suju]
vers geperst sap (het)	taze meyve suyu	[taze mejve suju]

bier (het)	bira	[bira]
licht bier (het)	hafif bira	[hafif bira]
donker bier (het)	siyah bira	[sijah bira]

thee (de)	çay	[tʃaj]
zwarte thee (de)	siyah çay	[sijah tʃaj]
groene thee (de)	yeşil çay	[jeʃil tʃaj]

54. Groenten

groenten (mv.)	sebze	[sebze]
verse kruiden (mv.)	yeşillik	[jeʃilik]

tomaat (de)	domates	[domates]
augurk (de)	salatalık	[salatalık]
wortel (de)	havuç	[havutʃ]
aardappel (de)	patates	[patates]
ui (de)	soğan	[soan]
knoflook (de)	sarımsak	[sarımsak]

kool (de)	lahana	[lahana]
bloemkool (de)	karnabahar	[karnabahar]
spruitkool (de)	Brüksel lâhanası	[bryksel lahanası]
broccoli (de)	brokoli	[brokoli]
rode biet (de)	pancar	[pandʒar]
aubergine (de)	patlıcan	[patlıdʒan]
courgette (de)	sakız kabağı	[sakız kabaı]
pompoen (de)	kabak	[kabak]
raap (de)	şalgam	[ʃalgam]

peterselie (de)	maydanoz	[majdanoz]
dille (de)	dereotu	[dereotu]
sla (de)	yeşil salata	[jeʃil salata]
selderij (de)	kereviz	[kereviz]
asperge (de)	kuşkonmaz	[kuʃkonmaz]
spinazie (de)	ıspanak	[ıspanak]
erwt (de)	bezelye	[bezelje]
bonen (mv.)	bakla	[bakla]
maïs (de)	mısır	[mısır]
nierboon (de)	fasulye	[fasulje]

peper (de)	dolma biber	[dolma biber]
radijs (de)	turp	[turp]
artisjok (de)	enginar	[enginar]

55. Vruchten. Noten

vrucht (de)	meyve	[mejve]
appel (de)	elma	[elma]

peer (de)	armut	[armut]
citroen (de)	limon	[limon]
sinaasappel (de)	portakal	[portakal]
aardbei (de)	çilek	[ʧilek]

mandarijn (de)	mandalina	[mandalina]
pruim (de)	erik	[erik]
perzik (de)	şeftali	[ʃeftali]
abrikoos (de)	kayısı	[kajısı]
framboos (de)	ahududu	[ahududu]
ananas (de)	ananas	[ananas]

banaan (de)	muz	[muz]
watermeloen (de)	karpuz	[karpuz]
druif (de)	üzüm	[yzym]
zure kers (de)	vişne	[viʃne]
zoete kers (de)	kiraz	[kiraz]
meloen (de)	kavun	[kavun]

grapefruit (de)	greypfrut	[grejpfrut]
avocado (de)	avokado	[avokado]
papaja (de)	papaya	[papaja]
mango (de)	mango	[mango]
granaatappel (de)	nar	[nar]

rode bes (de)	kırmızı frenk üzümü	[kırmızı frenk yzymy]
zwarte bes (de)	siyah frenk üzümü	[sijah frenk yzymy]
kruisbes (de)	bektaşı üzümü	[bektaʃı yzymy]
blauwe bosbes (de)	yaban mersini	[jaban mersini]
braambes (de)	böğürtlen	[bøjurtlen]

rozijn (de)	kuru üzüm	[kuru yzym]
vijg (de)	incir	[inʤir]
dadel (de)	hurma	[hurma]

pinda (de)	yerfıstığı	[jerfıstı:ı]
amandel (de)	badem	[badem]
walnoot (de)	ceviz	[ʤeviz]
hazelnoot (de)	fındık	[fındık]
kokosnoot (de)	Hindistan cevizi	[hindistan ʤevizi]
pistaches (mv.)	çam fıstığı	[ʧam fıstı:ı]

56. Brood. Snoep

suikerbakkerij (de)	şekerleme	[ʃekerleme]
brood (het)	ekmek	[ekmek]
koekje (het)	bisküvi	[biskyvi]

chocolade (de)	çikolata	[ʧikolata]
chocolade- (abn)	çikolatalı	[ʧikolatalı]
snoepje (het)	şeker	[ʃeker]
cakeje (het)	ufak kek	[ufak kek]
taart (bijv. verjaardags~)	kek, pasta	[kek], [pasta]
pastei (de)	börek	[børek]

vulling (de)	iç	[itʃ]
confituur (de)	reçel	[retʃel]
marmelade (de)	marmelat	[marmelat]
wafel (de)	gofret	[gofret]
ijsje (het)	dondurma	[dondurma]

57. Kruiden

zout (het)	tuz	[tuz]
gezouten (bn)	tuzlu	[tuzlu]
zouten (ww)	tuzlamak	[tuzlamak]

zwarte peper (de)	siyah biber	[sijah biber]
rode peper (de)	kırmızı biber	[kırmızı biber]
mosterd (de)	hardal	[hardal]
mierikswortel (de)	bayırturpu	[bajırturpu]

condiment (het)	çeşni	[tʃeʃni]
specerij, kruiderij (de)	baharat	[baharat]
saus (de)	salça, sos	[saltʃa], [sos]
azijn (de)	sirke	[sirke]

anijs (de)	anason	[anason]
basilicum (de)	fesleğen	[fesleen]
kruidnagel (de)	karanfil	[karanfil]
gember (de)	zencefil	[zendʒefil]
koriander (de)	kişniş	[kiʃniʃ]
kaneel (de/het)	tarçın	[tartʃın]

sesamzaad (het)	susam	[susam]
laurierblad (het)	defne yaprağı	[defne japraı]
paprika (de)	kırmızı biber	[kırmızı biber]
komijn (de)	çörek otu	[tʃørek otu]
saffraan (de)	safran	[safran]

PERSOONLIJKE INFORMATIE. FAMILIE

58. Persoonlijke informatie. Formulieren

naam (de)	ad, isim	[ad], [isim]
achternaam (de)	soyadı	[sojadı]
geboortedatum (de)	doğum tarihi	[doum tarihi]
geboorteplaats (de)	doğum yeri	[doum jeri]
nationaliteit (de)	milliyet	[millijet]
woonplaats (de)	ikamet yeri	[ikamet jeri]
land (het)	ülke	[ylke]
beroep (het)	meslek	[meslek]
geslacht (ov. het vrouwelijk ~)	cinsiyet	[dʒinsijet]
lengte (de)	boy	[boj]
gewicht (het)	ağırlık	[aırlık]

59. Familieleden. Verwanten

moeder (de)	anne	[anne]
vader (de)	baba	[baba]
zoon (de)	oğul	[øːul]
dochter (de)	kız	[kız]
jongste dochter (de)	küçük kız	[kytʃuk kız]
jongste zoon (de)	küçük oğul	[kytʃuk oul]
oudste dochter (de)	büyük kız	[byjuk kız]
oudste zoon (de)	büyük oğul	[byjuk oul]
broer (de)	kardeş	[kardeʃ]
oudere broer (de)	ağabey, büyük kardeş	[aabej], [byjuk kardeʃ]
jongere broer (de)	küçük kardeş	[kytʃuk kardeʃ]
zuster (de)	kardeş, bacı	[kardeʃ], [badʒı]
oudere zuster (de)	abla, büyük bacı	[abla], [byjuk badʒı]
jongere zuster (de)	kız kardeş	[kız kardeʃ]
neef (zoon van oom, tante)	erkek kuzen	[erkek kuzen]
nicht (dochter van oom, tante)	kız kuzen	[kız kuzen]
mama (de)	anne	[anne]
papa (de)	baba	[baba]
ouders (mv.)	ana baba	[ana baba]
kind (het)	çocuk	[tʃodʒuk]
kinderen (mv.)	çocuklar	[tʃodʒuklar]
oma (de)	büyük anne	[byjuk anne]
opa (de)	büyük baba	[byjuk baba]

kleinzoon (de)	erkek torun	[erkek torun]
kleindochter (de)	kız torun	[kız torun]
kleinkinderen (mv.)	torunlar	[torunlar]

oom (de)	amca, dayı	[amdʒa], [dajı]
tante (de)	teyze, hala	[tejze], [hala]
neef (zoon van broer, zus)	erkek yeğen	[erkek jeen]
nicht (dochter van broer, zus)	kız yeğen	[kız jeen]

schoonmoeder (de)	kaynana	[kajnana]
schoonvader (de)	kaynata	[kajnata]
schoonzoon (de)	güvey	[gyvej]
stiefmoeder (de)	üvey anne	[yvej anne]
stiefvader (de)	üvey baba	[yvej baba]

zuigeling (de)	süt çocuğu	[syt tʃodʒuu]
wiegenkind (het)	bebek	[bebek]
kleuter (de)	erkek çocuk	[erkek tʃodʒuk]

vrouw (de)	hanım, eş	[hanım], [eʃ]
man (de)	eş, koca	[eʃ], [kodʒa]
echtgenoot (de)	koca	[kodʒa]
echtgenote (de)	karı	[karı]

gehuwd (mann.)	evli	[evli]
gehuwd (vrouw.)	evli	[evli]
ongehuwd (mann.)	bekâr	[bekjar]
vrijgezel (de)	bekâr	[bekjar]
gescheiden (bn)	boşanmış	[boʃanmıʃ]
weduwe (de)	dul kadın	[dul kadın]
weduwnaar (de)	dul erkek	[dul erkek]

familielid (het)	akraba	[akraba]
dichte familielid (het)	yakın akraba	[jakın akraba]
verre familielid (het)	uzak akraba	[uzak akraba]
familieleden (mv.)	akrabalar	[akrabalar]

wees (de), weeskind (het)	yetim	[jetim]
voogd (de)	vasi	[vasi]
adopteren (een jongen te ~)	evlatlık almak	[evlatlık almak]
adopteren (een meisje te ~)	evlatlık almak	[evlatlık almak]

60. Vrienden. Collega's

vriend (de)	dost, arkadaş	[dost], [arkadaʃ]
vriendin (de)	kız arkadaş	[kız arkadaʃ]
vriendschap (de)	dostluk	[dostluk]
bevriend zijn (ww)	arkadaş olmak	[arkadaʃ olmak]

makker (de)	arkadaş	[arkadaʃ]
vriendin (de)	kız arkadaş	[kız arkadaʃ]
partner (de)	ortak	[ortak]
chef (de)	şef	[ʃef]
baas (de)	amir	[amir]

| ondergeschikte (de) | ast | [ast] |
| collega (de) | meslektaş | [meslektaʃ] |

kennis (de)	tanıdık	[tanıdık]
medereiziger (de)	yol arkadaşı	[jol arkadaʃı]
klasgenoot (de)	sınıf arkadaşı	[sınıf arkadaʃı]

buurman (de)	komşu	[komʃu]
buurvrouw (de)	komşu	[komʃu]
buren (mv.)	komşular	[komʃular]

MENSELIJK LICHAAM. GENEESKUNDE

61. Hoofd

hoofd (het)	baş	[baʃ]
gezicht (het)	yüz	[juz]
neus (de)	burun	[burun]
mond (de)	ağız	[aɪz]
oog (het)	göz	[gøz]
ogen (mv.)	gözler	[gøzler]
pupil (de)	göz bebeği	[gøz bebeɪ]
wenkbrauw (de)	kaş	[kaʃ]
wimper (de)	kirpik	[kirpik]
ooglid (het)	göz kapağı	[gøz kapaɪ]
tong (de)	dil	[dil]
tand (de)	diş	[diʃ]
lippen (mv.)	dudaklar	[dudaklar]
jukbeenderen (mv.)	elmacık kemiği	[elmadʒɪk kemi:i]
tandvlees (het)	dişeti	[diʃeti]
gehemelte (het)	damak	[damak]
neusgaten (mv.)	burun deliği	[burun deli:i]
kin (de)	çene	[tʃene]
kaak (de)	çene	[tʃene]
wang (de)	yanak	[janak]
voorhoofd (het)	alın	[alɪn]
slaap (de)	şakak	[ʃakak]
oor (het)	kulak	[kulak]
achterhoofd (het)	ense	[ense]
hals (de)	boyun	[bojun]
keel (de)	boğaz	[boaz]
haren (mv.)	saçlar	[satʃlar]
kapsel (het)	saç	[satʃ]
haarsnit (de)	saç biçimi	[satʃ bitʃimi]
pruik (de)	peruk	[peryk]
snor (de)	bıyık	[bɪjɪk]
baard (de)	sakal	[sakal]
dragen (een baard, enz.)	uzatmak, bırakmak	[uzatmak], [bɪrakmak]
vlecht (de)	saç örgüsü	[satʃ ørgysy]
bakkebaarden (mv.)	favori	[favori]
ros (roodachtig, rossig)	kızıl saçlı	[kɪzɪl satʃlɪ]
grijs (~ haar)	kır	[kɪr]
kaal (bn)	kel	[kel]
kale plek (de)	dazlak yer	[dazlak jer]

| paardenstaart (de) | kuyruk | [kujruk] |
| pony (de) | kakül | [kakyl] |

62. Menselijk lichaam

| hand (de) | el | [el] |
| arm (de) | kol | [kol] |

vinger (de)	parmak	[parmak]
teen (de)	ayak parmağı	[ajak parmaı]
duim (de)	başparmak	[baʃ parmak]
pink (de)	küçük parmak	[kytʃuk parmak]
nagel (de)	tırnak	[tırnak]

vuist (de)	yumruk	[jumruk]
handpalm (de)	avuç	[avutʃ]
pols (de)	bilek	[bilek]
voorarm (de)	önkol	[ønkol]
elleboog (de)	dirsek	[dirsek]
schouder (de)	omuz	[omuz]

been (rechter ~)	bacak	[badʒak]
voet (de)	ayak	[ajak]
knie (de)	diz	[diz]
kuit (de)	baldır	[baldır]
heup (de)	kalça	[kaltʃa]
hiel (de)	topuk	[topuk]

lichaam (het)	vücut	[vydʒut]
buik (de)	karın	[karın]
borst (de)	göğüs	[gøjus]
borst (de)	göğüs	[gøjus]
zijde (de)	yan	[jan]
rug (de)	sırt	[sırt]
lage rug (de)	alt bel	[alt bel]
taille (de)	bel	[bel]

navel (de)	göbek	[gøbek]
billen (mv.)	kaba et	[kaba et]
achterwerk (het)	kıç	[kıtʃ]

huidvlek (de)	ben	[ben]
moedervlek (de)	doğum lekesi	[doum lekesi]
tatoeage (de)	dövme	[døvme]
litteken (het)	yara izi	[jara izi]

63. Ziekten

ziekte (de)	hastalık	[hastalık]
ziek zijn (ww)	hasta olmak	[hasta olmak]
gezondheid (de)	sağlık	[saalık]
snotneus (de)	nezle	[nezle]

angina (de)	anjin	[anʒin]
verkoudheid (de)	soğuk algınlığı	[souk algınlıːı]
verkouden raken (ww)	soğuk almak	[souk almak]

bronchitis (de)	bronşit	[bronʃit]
longontsteking (de)	zatürree	[zatyrree]
griep (de)	grip	[grip]

bijziend (bn)	miyop	[mijop]
verziend (bn)	hipermetrop	[hipermetrop]
scheelheid (de)	şaşılık	[ʃaʃılık]
scheel (bn)	şaşı	[ʃaʃı]
grauwe staar (de)	katarakt	[katarakt]
glaucoom (het)	glokoma	[glokoma]

beroerte (de)	felç	[feltʃ]
hartinfarct (het)	enfarktüs	[enfarktys]
myocardiaal infarct (het)	kalp krizi	[kalp krizi]
verlamming (de)	felç	[feltʃ]
verlammen (ww)	felç olmak	[feltʃ olmak]

allergie (de)	alerji	[alerʒi]
astma (de/het)	astım	[astım]
diabetes (de)	diyabet	[diabet]

| tandpijn (de) | diş ağrısı | [diʃ aarısı] |
| tandbederf (het) | diş çürümesi | [diʃ tʃurymesi] |

diarree (de)	ishal	[ishal]
constipatie (de)	kabız	[kabız]
maagstoornis (de)	mide bozukluğu	[mide bozukluu]
voedselvergiftiging (de)	zehirlenme	[zehirlenme]
voedselvergiftiging oplopen	zehirlenmek	[zehirlenmek]

artritis (de)	artrit, arterit	[artrit]
rachitis (de)	raşitizm	[raʃitizm]
reuma (het)	romatizma	[romatizma]
arteriosclerose (de)	damar sertliği	[damar sertliːi]

gastritis (de)	gastrit	[gastrit]
blindedarmontsteking (de)	apandisit	[apandisit]
galblaasontsteking (de)	kolesistit	[kolesistit]
zweer (de)	ülser	[ylser]

mazelen (mv.)	kızamık	[kızamık]
rodehond (de)	kızamıkçık	[kızamıktʃik]
geelzucht (de)	sarılık	[sarılık]
leverontsteking (de)	hepatit	[hepatit]

schizofrenie (de)	şizofreni	[ʃizofreni]
dolheid (de)	kuduz hastalığı	[kuduz hastalıːı]
neurose (de)	nevroz	[nevroz]
hersenschudding (de)	beyin kanaması	[bejin kanaması]

| kanker (de) | kanser | [kanser] |
| sclerose (de) | skleroz | [skleroz] |

multiple sclerose (de)	multipl skleroz	[multipl skleroz]
alcoholisme (het)	alkoliklik	[alkoliklik]
alcoholicus (de)	alkolik	[alkolik]
syfilis (de)	frengi	[frengi]
AIDS (de)	AİDS	[eids]
tumor (de)	tümör, ur	[tymør], [jur]
kwaadaardig (bn)	kötü huylu	[køty hujlu]
goedaardig (bn)	iyi huylu	[iji hujlu]
koorts (de)	sıtma	[sıtma]
malaria (de)	malarya	[malarja]
gangreen (het)	kangren	[kangren]
zeeziekte (de)	deniz tutması	[deniz tutması]
epilepsie (de)	epilepsi	[epilepsi]
epidemie (de)	salgın	[salgın]
tyfus (de)	tifüs	[tifys]
tuberculose (de)	verem	[verem]
cholera (de)	kolera	[kolera]
pest (de)	veba	[veba]

64. Symptomen. Behandelingen. Deel 1

symptoom (het)	belirti	[belirti]
temperatuur (de)	ateş	[ateʃ]
verhoogde temperatuur (de)	yüksek ateş	[juksek ateʃ]
polsslag (de)	nabız	[nabız]
duizeling (de)	baş dönmesi	[baʃ dønmesi]
heet (erg warm)	ateşli	[ateʃli]
koude rillingen (mv.)	üşüme	[yʃyme]
bleek (bn)	solgun	[solgun]
hoest (de)	öksürük	[øksyryk]
hoesten (ww)	öksürmek	[øksyrmek]
niezen (ww)	hapşırmak	[hapʃırmak]
flauwte (de)	baygınlık	[bajgınlık]
flauwvallen (ww)	bayılmak	[bajılmak]
blauwe plek (de)	çürük	[ʧuryk]
buil (de)	şişlik	[ʃiʃlik]
zich stoten (ww)	çarpmak	[ʧarpmak]
kneuzing (de)	yara	[jara]
kneuzen (gekneusd zijn)	yaralamak	[jaralamak]
hinken (ww)	topallamak	[topallamak]
verstuiking (de)	çıkık	[ʧıkık]
verstuiken (enkel, enz.)	çıkmak	[ʧıkmak]
breuk (de)	kırık, fraktür	[kırık], [fraktyr]
een breuk oplopen	kırılmak	[kırılmak]
snijwond (de)	kesik	[kesik]
zich snijden (ww)	bir yerini kesmek	[bir jerini kesmek]

bloeding (de)	kanama	[kanama]
brandwond (de)	yanık	[janık]
zich branden (ww)	yanmak	[janmak]

prikken (ww)	batırmak	[batırmak]
zich prikken (ww)	batırmak	[batırmak]
blesseren (ww)	yaralamak	[jaralamak]
blessure (letsel)	yara, zarar	[jara], [zarar]
wond (de)	yara	[jara]
trauma (het)	sarsıntı	[sarsıntı]

ijlen (ww)	sayıklamak	[sajıklamak]
stotteren (ww)	kekelemek	[kekelemek]
zonnesteek (de)	güneş çarpması	[gyneʃ tʃarpması]

65. Symptomen. Behandelingen. Deel 2

| pijn (de) | acı | [adʒı] |
| splinter (de) | kıymık | [kıjmık] |

zweet (het)	ter	[ter]
zweten (ww)	terlemek	[terlemek]
braking (de)	kusma	[kusma]
stuiptrekkingen (mv.)	kramp	[kramp]

zwanger (bn)	hamile	[hamile]
geboren worden (ww)	doğmak	[doomak]
geboorte (de)	doğum	[doum]
baren (ww)	doğurmak	[dourmak]
abortus (de)	çocuk düşürme	[tʃodʒuk dyʃyrme]

ademhaling (de)	respirasyon	[respirasjon]
inademing (de)	soluk alma	[soluk alma]
uitademing (de)	soluk verme	[soluk verme]
uitademen (ww)	soluk vermek	[soluk vermek]
inademen (ww)	bir soluk almak	[bir soluk almak]

invalide (de)	malul	[malyl]
gehandicapte (de)	sakat	[sakat]
drugsverslaafde (de)	uyuşturucu bağımlısı	[ujuʃturudʒu baımlısı]

doof (bn)	sağır	[saır]
stom (bn)	dilsiz	[dilsiz]
doofstom (bn)	sağır ve dilsiz	[saır ve dilsiz]

krankzinnig (bn)	deli	[deli]
krankzinnige (man)	deli adam	[deli adam]
krankzinnige (vrouw)	deli kadın	[deli kadın]
krankzinnig worden	çıldırmak	[tʃıldırmak]

gen (het)	gen	[gen]
immuniteit (de)	bağışıklık	[baıʃıklık]
erfelijk (bn)	irsi, kalıtsal	[irsi], [kalıtsal]
aangeboren (bn)	doğuştan	[douʃtan]

virus (het)	virüs	[virys]
microbe (de)	mikrop	[mikrop]
bacterie (de)	bakteri	[bakteri]
infectie (de)	enfeksiyon	[enfeksijon]

66. Symptomen. Behandelingen. Deel 3

| ziekenhuis (het) | hastane | [hastane] |
| patiënt (de) | hasta | [hasta] |

diagnose (de)	teşhis	[teʃhis]
genezing (de)	çare	[ʧare]
medische behandeling (de)	tedavi	[tedavi]
onder behandeling zijn	tedavi görmek	[tedavi gørmek]
behandelen (ww)	tedavi etmek	[tedavi etmek]
zorgen (zieken ~)	hastaya bakmak	[hastaja bakmak]
ziekenzorg (de)	hasta bakımı	[hasta bakımı]

operatie (de)	ameliyat	[amelijat]
verbinden (een arm ~)	pansuman yapmak	[pansuman japmak]
verband (het)	pansuman	[pansuman]

vaccin (het)	aşılama	[aʃılama]
inenten (vaccineren)	aşı yapmak	[aʃı japmak]
injectie (de)	iğne	[i:ine]
een injectie geven	iğne yapmak	[i:ine japmak]

aanval (de)	atak	[atak]
amputatie (de)	ampütasyon	[ampytasjon]
amputeren (ww)	ameliyatla almak	[amelijatla almak]
coma (het)	koma	[koma]
in coma liggen	komada olmak	[komada olmak]
intensieve zorg, ICU (de)	yoğun bakım	[joun bakım]

zich herstellen (ww)	iyileşmek	[ijileʃmek]
toestand (de)	durum	[durum]
bewustzijn (het)	bilinç	[bilinʧ]
geheugen (het)	hafıza	[hafıza]

trekken (een kies ~)	çekmek	[ʧekmek]
vulling (de)	dolgu	[dolgu]
vullen (ww)	dolgu yapmak	[dolgu japmak]

| hypnose (de) | hipnoz | [hipnoz] |
| hypnotiseren (ww) | hipnotize etmek | [hipnotize etmek] |

67. Geneeskunde. Medicijnen. Accessoires

geneesmiddel (het)	ilaç	[ilaʧ]
middel (het)	deva	[deva]
voorschrijven (ww)	yazmak	[jazmak]
recept (het)	reçete	[reʧete]

tablet (de/het)	hap	[hap]
zalf (de)	merhem	[merhem]
ampul (de)	ampul	[ampul]
drank (de)	solüsyon	[solysjon]
siroop (de)	şurup	[ʃurup]
pil (de)	kapsül	[kapsyl]
poeder (de/het)	toz	[toz]

verband (het)	bandaj	[bandaʒ]
watten (mv.)	pamuk	[pamuk]
jodium (het)	iyot	[ijot]

pleister (de)	yara bandı	[jara bandı]
pipet (de)	damlalık	[damlalık]
thermometer (de)	derece	[deredʒe]
spuit (de)	şırınga	[ʃiringa]

| rolstoel (de) | tekerlekli sandalye | [tekerlekli sandalje] |
| krukken (mv.) | koltuk değneği | [koltuk deenei] |

pijnstiller (de)	anestetik	[anestetik]
laxeermiddel (het)	müshil	[myshil]
spiritus (de)	ispirto	[ispirto]
medicinale kruiden (mv.)	şifalı bitkiler	[ʃifalı bitkiler]
kruiden- (abn)	bitkisel	[bitkisel]

APPARTEMENT

68. Appartement

appartement (het)	daire	[daire]
kamer (de)	oda	[oda]
slaapkamer (de)	yatak odası	[jatak odası]
eetkamer (de)	yemek odası	[jemek odası]
salon (de)	misafir odası	[misafir odası]
studeerkamer (de)	çalışma odası	[ʧalıʃma odası]
gang (de)	antre	[antre]
badkamer (de)	banyo odası	[banjo odası]
toilet (het)	tuvalet	[tuvalet]
plafond (het)	tavan	[tavan]
vloer (de)	taban, yer	[taban], [jer]
hoek (de)	köşesi	[køʃesi]

69. Meubels. Interieur

meubels (mv.)	mobilya	[mobilja]
tafel (de)	masa	[masa]
stoel (de)	sandalye	[sandalje]
bed (het)	yatak	[jatak]
bankstel (het)	kanape	[kanape]
fauteuil (de)	koltuk	[koltuk]
boekenkast (de)	kitaplık	[kitaplık]
boekenrek (het)	kitap rafı	[kitap rafı]
kledingkast (de)	elbise dolabı	[elbise dolabı]
kapstok (de)	duvar askısı	[duvar askısı]
staande kapstok (de)	portmanto	[portmanto]
commode (de)	komot	[komot]
salontafeltje (het)	sehpa	[sehpa]
spiegel (de)	ayna	[ajna]
tapijt (het)	halı	[halı]
tapijtje (het)	kilim	[kilim]
haard (de)	şömine	[ʃømine]
kaars (de)	mum	[mum]
kandelaar (de)	mumluk	[mumluk]
gordijnen (mv.)	perdeler	[perdler]
behang (het)	duvar kağıdı	[duvar kaıdı]

jaloezie (de)	jaluzi	[ʒalyzi]
bureaulamp (de)	masa lambası	[masa lambası]
wandlamp (de)	lamba	[lamba]
staande lamp (de)	ayaklı lamba	[ajaklı lamba]
luchter (de)	avize	[avize]

poot (ov. een tafel, enz.)	ayak	[ajak]
armleuning (de)	kol	[kol]
rugleuning (de)	arkalık	[arkalık]
la (de)	çekmece	[ʧekmedʒe]

70. Beddengoed

beddengoed (het)	çamaşır	[ʧamaʃır]
kussen (het)	yastık	[jastık]
kussenovertrek (de)	yastık kılıfı	[jastık kılıfı]
deken (de)	battaniye	[battanije]
laken (het)	çarşaf	[ʧarʃaf]
sprei (de)	örtü	[ørty]

71. Keuken

keuken (de)	mutfak	[mutfak]
gas (het)	gaz	[gaz]
gasfornuis (het)	gaz sobası	[gaz sobası]
elektrisch fornuis (het)	elektrik ocağı	[elektrik odʒaı]
oven (de)	fırın	[fırın]
magnetronoven (de)	mikrodalga fırın	[mikrodalga fırın]

koelkast (de)	buzdolabı	[buzdolabı]
diepvriezer (de)	derin dondurucu	[derin dondurudʒu]
vaatwasmachine (de)	bulaşık makinesi	[bulaʃık makinesi]

vleesmolen (de)	kıyma makinesi	[kıjma makinesi]
vruchtenpers (de)	meyve sıkacağı	[mejve sıkadʒaı]
toaster (de)	tost makinesi	[tost makinesi]
mixer (de)	mikser	[mikser]

koffiemachine (de)	kahve makinesi	[kahve makinesi]
koffiepot (de)	cezve	[dʒezve]
koffiemolen (de)	kahve değirmeni	[kahve deirmeni]

fluitketel (de)	çaydanlık	[ʧajdanlık]
theepot (de)	demlik	[demlik]
deksel (de/het)	kapak	[kapak]
theezeefje (het)	süzgeci	[syzgedʒi]

lepel (de)	kaşık	[kaʃık]
theelepeltje (het)	çay kaşığı	[ʧaj kaʃı:ı]
eetlepel (de)	yemek kaşığı	[jemek kaʃı:ı]
vork (de)	çatal	[ʧatal]
mes (het)	bıçak	[bıʧak]

vaatwerk (het)	mutfak gereçleri	[mutfak geretʃleri]
bord (het)	tabak	[tabak]
schoteltje (het)	fincan tabağı	[findʒan tabaɪ]

likeurglas (het)	kadeh	[kade]
glas (het)	bardak	[bardak]
kopje (het)	fincan	[findʒan]

suikerpot (de)	şekerlik	[ʃekerlik]
zoutvat (het)	tuzluk	[tuzluk]
pepervat (het)	biberlik	[biberlik]
boterschaaltje (het)	tereyağı tabağı	[terejaɪ tabaɪ]

pan (de)	tencere	[tendʒere]
bakpan (de)	tava	[tava]
pollepel (de)	kepçe	[keptʃe]
vergiet (de/het)	süzgeç	[syzgetʃ]
dienblad (het)	tepsi	[tepsi]

fles (de)	şişe	[ʃiʃe]
glazen pot (de)	kavanoz	[kavanoz]
blik (conserven~)	teneke	[teneke]

flesopener (de)	şişe açacağı	[ʃiʃe atʃadʒaɪ]
blikopener (de)	konserve açacağı	[konserve atʃadʒaɪ]
kurkentrekker (de)	tirbuşon	[tirbyʃon]
filter (de/het)	filtre	[filtre]
filteren (ww)	filtre etmek	[filtre etmek]

| huisvuil (het) | çöp | [tʃøp] |
| vuilnisemmer (de) | çöp kovası | [tʃøp kovası] |

72. Badkamer

badkamer (de)	banyo odası	[banjo odası]
water (het)	su	[su]
kraan (de)	musluk	[musluk]
warm water (het)	sıcak su	[sıdʒak su]
koud water (het)	soğuk su	[souk su]

tandpasta (de)	diş macunu	[diʃ madʒunu]
tanden poetsen (ww)	dişlerini fırçalamak	[diʃlerini fırtʃalamak]
tandenborstel (de)	diş fırçası	[diʃ fırtʃası]

zich scheren (ww)	tıraş olmak	[tıraʃ olmak]
scheercrème (de)	tıraş köpüğü	[tıraʃ køpyy]
scheermes (het)	jilet	[ʒilet]

wassen (ww)	yıkamak	[jıkamak]
een bad nemen	yıkanmak	[jıkanmak]
douche (de)	duş	[duʃ]
een douche nemen	duş almak	[duʃ almak]
bad (het)	banyo	[banjo]
toiletpot (de)	klozet	[klozet]

wastafel (de)	küvet	[kyvet]
zeep (de)	sabun	[sabun]
zeepbakje (het)	sabunluk	[sabunluk]

spons (de)	sünger	[synger]
shampoo (de)	şampuan	[ʃampuan]
handdoek (de)	havlu	[havlu]
badjas (de)	bornoz	[bornoz]

was (bijv. handwas)	çamaşır yıkama	[ʧamaʃır jıkama]
wasmachine (de)	çamaşır makinesi	[ʧamaʃır makinesi]
de was doen	çamaşırları yıkamak	[ʧamaʃırları jıkamak]
waspoeder (de)	çamaşır deterjanı	[ʧamaʃir deterʒanı]

73. Huishoudelijke apparaten

televisie (de)	televizyon	[televizjon]
cassettespeler (de)	teyp	[tejp]
videorecorder (de)	video	[video]
radio (de)	radyo	[radjo]
speler (de)	çalar	[ʧalar]

videoprojector (de)	projeksiyon makinesi	[proʒeksion makinesi]
home theater systeem (het)	ev sinema	[evj sinema]
DVD-speler (de)	DVD oynatıcı	[dividi ojnatıdʒı]
versterker (de)	amplifikatör	[amplifikatør]
spelconsole (de)	oyun konsolu	[ojun konsolu]

videocamera (de)	video kamera	[videokamera]
fotocamera (de)	fotoğraf makinesi	[fotoraf makinesi]
digitale camera (de)	dijital fotoğraf makinesi	[diʒital fotoraf makinesi]

stofzuiger (de)	elektrik süpürgesi	[elektrik sypyrgesi]
strijkijzer (het)	ütü	[yty]
strijkplank (de)	ütü masası	[yty masası]

telefoon (de)	telefon	[telefon]
mobieltje (het)	cep telefonu	[dʒep telefonu]
schrijfmachine (de)	daktilo	[daktilo]
naaimachine (de)	dikiş makinesi	[dikiʃ makinesi]

microfoon (de)	mikrofon	[mikrofon]
koptelefoon (de)	kulaklık	[kulaklık]
afstandsbediening (de)	uzaktan kumanda	[uzaktan kumanda]

CD (de)	CD	[sidi]
cassette (de)	teyp kaseti	[tejp kaseti]
vinylplaat (de)	vinil plak	[vinil plak]

DE AARDE. WEER

74. De kosmische ruimte

kosmos (de)	uzay, evren	[uzaj], [evren]
kosmisch (bn)	uzay	[uzaj]
kosmische ruimte (de)	feza	[feza]
heelal (het)	evren	[evren]
sterrenstelsel (het)	galaksi	[galaksi]
ster (de)	yıldız	[jıldız]
sterrenbeeld (het)	takımyıldız	[takımjıldız]
planeet (de)	gezegen	[gezegen]
satelliet (de)	uydu	[ujdu]
meteoriet (de)	göktaşı	[gøktaʃı]
komeet (de)	kuyruklu yıldız	[kujruklu jıldız]
asteroïde (de)	asteroit	[asteroit]
baan (de)	yörünge	[jørynge]
draaien (om de zon, enz.)	dönmek	[dønmek]
atmosfeer (de)	atmosfer	[atmosfer]
Zon (de)	Güneş	[gyneʃ]
zonnestelsel (het)	Güneş sistemi	[gyneʃ sistemi]
zonsverduistering (de)	Güneş tutulması	[gyneʃ tutulması]
Aarde (de)	Dünya	[dynja]
Maan (de)	Ay	[aj]
Mars (de)	Mars	[mars]
Venus (de)	Venüs	[venys]
Jupiter (de)	Jüpiter	[ʒupiter]
Saturnus (de)	Satürn	[satyrn]
Mercurius (de)	Merkür	[merkyr]
Uranus (de)	Uranüs	[uranys]
Neptunus (de)	Neptün	[neptyn]
Pluto (de)	Plüton	[plyton]
Melkweg (de)	Samanyolu	[samanjolu]
Grote Beer (de)	Büyükayı	[byjuk ajı]
Poolster (de)	Kutup yıldızı	[kutup jıldızı]
marsmannetje (het)	Merihli	[merihli]
buitenaards wezen (het)	uzaylı	[uzajlı]
bovenaards (het)	uzaylı	[uzajlı]
vliegende schotel (de)	uçan daire	[utʃan daire]
ruimtevaartuig (het)	uzay gemisi	[uzaj gemisi]

ruimtestation (het)	yörünge istasyonu	[jørynge istasjonu]
start (de)	uzaya fırlatma	[uzaja fırlatma]
motor (de)	motor	[motor]
straalpijp (de)	roket meme	[roket meme]
brandstof (de)	yakıt	[jakıt]
cabine (de)	kabin	[kabin]
antenne (de)	anten	[anten]
patrijspoort (de)	lombar	[lombar]
zonnebatterij (de)	güneş pili	[gyneʃ pili]
ruimtepak (het)	uzay elbisesi	[uzaj elbisesi]
gewichtloosheid (de)	ağırlıksızlık	[aırlıksızlık]
zuurstof (de)	oksijen	[oksiʒen]
koppeling (de)	uzayda kenetlenme	[uzajda kenetlenme]
koppeling maken	kenetlenmek	[kenetlenmek]
observatorium (het)	gözlemevi	[gøzlemevi]
telescoop (de)	teleskop	[teleskop]
waarnemen (ww)	gözlemlemek	[gøzlemlemek]
exploreren (ww)	araştırmak	[araʃtırmak]

75. De Aarde

Aarde (de)	Dünya	[dynja]
aardbol (de)	yerküre	[jerkyre]
planeet (de)	gezegen	[gezegen]
atmosfeer (de)	atmosfer	[atmosfer]
aardrijkskunde (de)	coğrafya	[dʒoorafja]
natuur (de)	doğa	[doa]
wereldbol (de)	yerküre	[jerkyre]
kaart (de)	harita	[harita]
atlas (de)	atlas	[atlas]
Europa (het)	Avrupa	[avrupa]
Azië (het)	Asya	[asja]
Afrika (het)	Afrika	[afrika]
Australië (het)	Avustralya	[avustralja]
Amerika (het)	Amerika	[amerika]
Noord-Amerika (het)	Kuzey Amerika	[kuzej amerika]
Zuid-Amerika (het)	Güney Amerika	[gynej amerika]
Antarctica (het)	Antarktik	[antarktik]
Arctis (de)	Arktik	[arktik]

76. Windrichtingen

noorden (het)	kuzey	[kuzej]
naar het noorden	kuzeye	[kuzeje]

| in het noorden | kuzeyde | [kuzejde] |
| noordelijk (bn) | kuzey | [kuzej] |

zuiden (het)	güney	[gynej]
naar het zuiden	güneye	[gyneje]
in het zuiden	güneyde	[gynejde]
zuidelijk (bn)	güney	[gynej]

westen (het)	batı	[batı]
naar het westen	batıya	[batıja]
in het westen	batıda	[batıda]
westelijk (bn)	batı	[batı]

oosten (het)	doğu	[dou]
naar het oosten	doğuya	[douja]
in het oosten	doğuda	[douda]
oostelijk (bn)	doğu	[dou]

77. Zee. Oceaan

zee (de)	deniz	[deniz]
oceaan (de)	okyanus	[okjanus]
golf (baai)	körfez	[kørfez]
straat (de)	boğaz	[boaz]

continent (het)	kıta	[kıta]
eiland (het)	ada	[ada]
schiereiland (het)	yarımada	[jarımada]
archipel (de)	takımada	[takımada]

baai, bocht (de)	koy	[koj]
haven (de)	liman	[liman]
lagune (de)	deniz kulağı	[deniz kulaı]
kaap (de)	burun	[burun]

atol (de)	atol	[atol]
rif (het)	resif	[resif]
koraal (het)	mercan	[merdʒan]
koraalrif (het)	mercan kayalığı	[merdʒan kajalı:ı]

diep (bn)	derin	[derin]
diepte (de)	derinlik	[derinlik]
diepzee (de)	uçurum	[utʃurum]
trog (bijv. Marianentrog)	çukur	[tʃukur]

| stroming (de) | akıntı | [akıntı] |
| omspoelen (ww) | çevrelemek | [tʃevrelemek] |

| oever (de) | kıyı | [kıjı] |
| kust (de) | kıyı, sahil | [kıjı], [sahil] |

vloed (de)	kabarma	[kabarma]
eb (de)	cezir	[dʒezir]
ondiepte (ondiep water)	sığlık	[sı:ılık]

bodem (de)	dip	[dip]
golf (hoge ~)	dalga	[dalga]
golfkam (de)	dağ sırtı	[daa sırtı]
schuim (het)	köpük	[køpyk]

storm (de)	fırtına	[fırtına]
orkaan (de)	kasırga	[kasırga]
tsunami (de)	tsunami	[tsunami]
windstilte (de)	limanlık	[limanlık]
kalm (bijv. ~e zee)	sakin	[sakin]

| pool (de) | kutup | [kutup] |
| polair (bn) | kutuplu | [kutuplu] |

breedtegraad (de)	enlem	[enlem]
lengtegraad (de)	boylam	[bojlam]
parallel (de)	paralel	[paralel]
evenaar (de)	ekvator	[ekvator]

hemel (de)	gök	[gøk]
horizon (de)	ufuk	[ufuk]
lucht (de)	hava	[hava]

vuurtoren (de)	deniz feneri	[deniz feneri]
duiken (ww)	dalmak	[dalmak]
zinken (ov. een boot)	batmak	[batmak]
schatten (mv.)	hazine	[hazine]

78. Namen van zeeën en oceanen

Atlantische Oceaan (de)	Atlas Okyanusu	[atlas okjanusu]
Indische Oceaan (de)	Hint Okyanusu	[hint okjanusu]
Stille Oceaan (de)	Pasifik Okyanusu	[pasifik okjanusu]
Noordelijke IJszee (de)	Kuzey Buz Denizi	[kuzej buz denizi]

Zwarte Zee (de)	Karadeniz	[karadeniz]
Rode Zee (de)	Kızıldeniz	[kızıldeniz]
Gele Zee (de)	Sarı Deniz	[sarı deniz]
Witte Zee (de)	Beyaz Deniz	[bejaz deniz]

Kaspische Zee (de)	Hazar Denizi	[hazar denizi]
Dode Zee (de)	Ölüdeniz	[ølydeniz]
Middellandse Zee (de)	Akdeniz	[akdeniz]

| Egeïsche Zee (de) | Ege Denizi | [ege denizi] |
| Adriatische Zee (de) | Adriyatik Denizi | [adrijatik denizi] |

Arabische Zee (de)	Umman Denizi	[umman denizi]
Japanse Zee (de)	Japon Denizi	[ʒapon denizi]
Beringzee (de)	Bering Denizi	[bering denizi]
Zuid-Chinese Zee (de)	Güney Çin Denizi	[gynej ʧin denizi]

| Koraalzee (de) | Mercan Denizi | [merdʒan denizi] |
| Tasmanzee (de) | Tasman Denizi | [tasman denizi] |

Caribische Zee (de)	Karayip Denizi	[karajip denizi]
Barentszzee (de)	Barents Denizi	[barents denizi]
Karische Zee (de)	Kara Denizi	[kara denizi]

Noordzee (de)	Kuzey Denizi	[kuzej denizi]
Baltische Zee (de)	Baltık Denizi	[baltık denizi]
Noorse Zee (de)	Norveç Denizi	[norvetʃ denizi]

79. Bergen

berg (de)	dağ	[daa]
bergketen (de)	dağ silsilesi	[daa silsilesi]
gebergte (het)	sıradağlar	[sıradaalar]

bergtop (de)	zirve	[zirve]
bergpiek (de)	doruk, zirve	[doruk], [zirve]
voet (ov. de berg)	etek	[etek]
helling (de)	yamaç	[jamatʃ]

vulkaan (de)	yanardağ	[janardaa]
actieve vulkaan (de)	faal yanardağ	[faal janardaa]
uitgedoofde vulkaan (de)	sönmüş yanardağ	[sønmyʃ janardaa]

uitbarsting (de)	püskürme	[pyskyrme]
krater (de)	yanardağ ağzı	[janardaa aazı]
magma (het)	magma	[magma]
lava (de)	lav	[lav]
gloeiend (~e lava)	kızgın	[kızgın]

kloof (canyon)	kanyon	[kanjon]
bergkloof (de)	boğaz	[boaz]
spleet (de)	dere	[dere]
afgrond (de)	uçurum	[utʃurum]

| bergpas (de) | dağ geçidi | [daa getʃidi] |
| plateau (het) | yayla | [jajla] |

| klip (de) | kaya | [kaja] |
| heuvel (de) | tepe | [tepe] |

| gletsjer (de) | buzluk | [buzluk] |
| waterval (de) | şelâle | [ʃelale] |

| geiser (de) | gayzer | [gajzer] |
| meer (het) | göl | [gøl] |

vlakte (de)	ova	[ova]
landschap (het)	manzara	[manzara]
echo (de)	yankı	[jankı]

alpinist (de)	dağcı, alpinist	[daadʒı], [alpinist]
bergbeklimmer (de)	dağcı	[daadʒı]
trotseren (berg ~)	fethetmek	[fethetmek]
beklimming (de)	tırmanma	[tırmanma]

80. Bergen namen

Alpen (de)	Alp Dağları	[alp daaları]
Mont Blanc (de)	Mont Blanc	[mont blan]
Pyreneeën (de)	Pireneler	[pirineler]
Karpaten (de)	Karpatlar	[karpatlar]
Oeralgebergte (het)	Ural Dağları	[ural daaları]
Kaukasus (de)	Kafkasya	[kafkasja]
Elbroes (de)	Elbruz Dağı	[elbrus daaı]
Altaj (de)	Altay	[altaj]
Tiensjan (de)	Tien-şan	[tjen ʃan]
Pamir (de)	Pamir	[pamir]
Himalaya (de)	Himalaya Dağları	[himalaja daaları]
Everest (de)	Everest Dağı	[everest daaı]
Andes (de)	And Dağları	[and daaları]
Kilimanjaro (de)	Kilimanjaro	[kilimandʒaro]

81. Rivieren

rivier (de)	nehir, ırmak	[nehir], [ırmak]
bron (~ van een rivier)	kaynak	[kajnak]
riverbedding (de)	nehir yatağı	[nehir jataı]
rivierbekken (het)	havza	[havza]
uitmonden in ...	... dökülmek	[døkylmek]
zijrivier (de)	kol	[kol]
oever (de)	sahil	[sahil]
stroming (de)	akıntı	[akıntı]
stroomafwaarts (bw)	nehir boyunca	[nehir bojundʒa]
stroomopwaarts (bw)	nehirden yukarı	[nehirden jukarı]
overstroming (de)	taşkın	[taʃkın]
overstroming (de)	nehrin taşması	[nehrin taʃması]
buiten zijn oevers treden	taşmak	[taʃmak]
overstromen (ww)	su basmak	[su basmak]
zandbank (de)	sığlık	[sı:ılık]
stroomversnelling (de)	nehrin akıntılı yeri	[nehrin akıntılı jeri]
dam (de)	baraj	[baraʒ]
kanaal (het)	kanal	[kanal]
spaarbekken (het)	baraj gölü	[baraʒ gøly]
sluis (de)	alavere havuzu	[alavere havuzu]
waterlichaam (het)	su birikintisi	[su birikintisi]
moeras (het)	bataklık	[bataklık]
broek (het)	bataklık arazi	[bataklık arazi]
draaikolk (de)	girdap	[girdap]
stroom (de)	dere	[dere]

| drink- (abn) | içilir | [itʃilir] |
| zoet (~ water) | tatlı | [tatlı] |

| ijs (het) | buz | [buz] |
| bevriezen (rivier, enz.) | buz tutmak | [buz tutmak] |

82. Namen van rivieren

| Seine (de) | Sen nehri | [sen nehri] |
| Loire (de) | Loire nehri | [luara nehri] |

Theems (de)	Thames nehri	[temz nehri]
Rijn (de)	Ren nehri	[ren nehri]
Donau (de)	Tuna nehri	[tuna nehri]

Wolga (de)	Volga nehri	[volga nehri]
Don (de)	Don nehri	[don nehri]
Lena (de)	Lena nehri	[lena nehri]

Gele Rivier (de)	Sarı Irmak	[sarı ırmak]
Blauwe Rivier (de)	Yangçe nehri	[jangtʃe nehri]
Mekong (de)	Mekong nehri	[mekong nehri]
Ganges (de)	Ganj nehri	[ganʒ nehri]

Nijl (de)	Nil nehri	[nil nehri]
Kongo (de)	Kongo nehri	[kongo nehri]
Okavango (de)	Okavango nehri	[okavango nehri]
Zambezi (de)	Zambezi nehri	[zambezi nehri]
Limpopo (de)	Limpopo nehri	[limpopo nehri]
Mississippi (de)	Mississippi nehri	[misisipi nehri]

83. Bos

| bos (het) | orman | [orman] |
| bos- (abn) | orman | [orman] |

oerwoud (dicht bos)	kesif orman	[kesif orman]
bosje (klein bos)	koru, ağaçlık	[koru], [aatʃlık]
open plek (de)	ormanda açıklığı	[ormanda atʃıklı:ı]

| struikgewas (het) | sık ağaçlık | [ʃık aatʃlık] |
| struiken (mv.) | çalılık | [tʃalılık] |

| paadje (het) | keçi yolu | [ketʃi jolu] |
| ravijn (het) | sel yatağı | [sel jataı] |

boom (de)	ağaç	[aatʃ]
blad (het)	yaprak	[japrak]
gebladerte (het)	yapraklar	[japraklar]

| vallende bladeren (mv.) | yaprak dökümü | [japrak døkymy] |
| vallen (ov. de bladeren) | dökülmek | [døkylmek] |

boomtop (de)	ağacın tepesi	[aadʒɪn tepesi]
tak (de)	dal	[dal]
ent (de)	ağaç dalı	[aatʃ dalɪ]
knop (de)	tomurcuk	[tomurdʒuk]
naald (de)	iğne yaprak	[i:ine japrak]
dennenappel (de)	kozalak	[kozalak]

boom holte (de)	kovuk	[kovuk]
nest (het)	yuva	[juva]
hol (het)	in	[in]

stam (de)	gövde	[gøvde]
wortel (bijv. boom~s)	kök	[køk]
schors (de)	kabuk	[kabuk]
mos (het)	yosun	[josun]

ontwortelen (een boom)	kökünden sökmek	[køkynden søkmek]
kappen (een boom ~)	kesmek	[kesmek]
ontbossen (ww)	ağaçları yok etmek	[aatʃlarɪ jok etmek]
stronk (de)	kütük	[kytyk]

kampvuur (het)	kamp ateşi	[kamp ateʃi]
bosbrand (de)	yangın	[jangɪn]
blussen (ww)	söndürmek	[søndyrmek]

boswachter (de)	orman bekçisi	[orman bektʃisi]
bescherming (de)	koruma	[koruma]
beschermen (bijv. de natuur ~)	korumak	[korumak]
stroper (de)	kaçak avcı	[katʃak avdʒɪ]
val (de)	kapan	[kapan]

plukken (vruchten, enz.)	toplamak	[toplamak]
verdwalen (de weg kwijt zijn)	yolunu kaybetmek	[jolunu kajbetmek]

84. Natuurlijke hulpbronnen

natuurlijke rijkdommen (mv.)	doğal kaynaklar	[doal kajnaklar]
delfstoffen (mv.)	madensel maddeler	[madensel maddeler]
lagen (mv.)	katman	[katman]
veld (bijv. olie~)	yatak	[jatak]

winnen (uit erts ~)	çıkarmak	[tʃɪkarmak]
winning (de)	maden çıkarma	[maden tʃɪkarma]
erts (het)	filiz	[filiz]
mijn (bijv. kolenmijn)	maden ocağı	[maden odʒaɪ]
mijnschacht (de)	kuyu	[kuju]
mijnwerker (de)	maden işçisi	[maden iʃtʃisi]

gas (het)	gaz	[gaz]
gasleiding (de)	gaz boru hattı	[gaz boru hattɪ]

olie (aardolie)	petrol	[petrol]
olieleiding (de)	petrol boru hattı	[petrol boru hattɪ]

oliebron (de)	petrol kulesi	[petrol kulesi]
boortoren (de)	sondaj kulesi	[sondaʒ kulesi]
tanker (de)	tanker	[tanker]

zand (het)	kum	[kum]
kalksteen (de)	kireçtaşı	[kiretʃtaʃɪ]
grind (het)	çakıl	[tʃakɪlɪ]
veen (het)	turba	[turba]
klei (de)	kil	[kil]
steenkool (de)	kömür	[kømyr]

ijzer (het)	demir	[demir]
goud (het)	altın	[altɪn]
zilver (het)	gümüş	[gymyʃ]
nikkel (het)	nikel	[nikel]
koper (het)	bakır	[bakɪr]

zink (het)	çinko	[tʃinko]
mangaan (het)	manganez	[manganez]
kwik (het)	cıva	[dʒɪva]
lood (het)	kurşun	[kurʃun]

mineraal (het)	mineral	[mineral]
kristal (het)	billur	[billyr]
marmer (het)	mermer	[mermer]
uraan (het)	uranyum	[uranjum]

85. Weer

weer (het)	hava	[hava]
weersvoorspelling (de)	hava tahmini	[hava tahmini]
temperatuur (de)	sıcaklık	[sɪdʒaklɪk]
thermometer (de)	termometre	[termometre]
barometer (de)	barometre	[barometre]

vochtig (bn)	nemli	[nemli]
vochtigheid (de)	nem	[nem]
hitte (de)	sıcaklık	[sɪdʒaklɪk]
heet (bn)	sıcak	[sɪdʒak]
het is heet	hava sıcak	[hava sɪdʒak]

| het is warm | hava ılık | [hava ɪlɪk] |
| warm (bn) | ılık | [ɪlɪk] |

| het is koud | hava soğuk | [hava souk] |
| koud (bn) | soğuk | [souk] |

zon (de)	güneş	[gyneʃ]
schijnen (de zon)	ışık vermek	[ɪʃɪk vermek]
zonnig (~e dag)	güneşli	[gyneʃli]
opgaan (ov. de zon)	doğmak	[doomak]
ondergaan (ww)	batmak	[batmak]
wolk (de)	bulut	[bulut]
bewolkt (bn)	bulutlu	[bulutlu]

| regenwolk (de) | yağmur bulutu | [jaamur bulutu] |
| somber (bn) | kapalı | [kapalı] |

regen (de)	yağmur	[jaamur]
het regent	yağmur yağıyor	[jaamur jaıjor]
regenachtig (bn)	yağmurlu	[jaamurlu]
motregenen (ww)	çiselemek	[tʃiselemek]

plensbui (de)	sağanak	[saanak]
stortbui (de)	şiddetli yağmur	[ʃiddetli jaamur]
hard (bn)	şiddetli, zorlu	[ʃiddetli], [zorlu]
plas (de)	su birikintisi	[su birikintisi]
nat worden (ww)	ıslanmak	[ıslanmak]

mist (de)	sis, duman	[sis], [duman]
mistig (bn)	sisli	[sisli]
sneeuw (de)	kar	[kar]
het sneeuwt	kar yağıyor	[kar jaıjor]

86. Zwaar weer. Natuurrampen

noodweer (storm)	fırtına	[fırtına]
bliksem (de)	şimşek	[ʃimʃek]
flitsen (ww)	çakmak	[tʃakmak]

donder (de)	gök gürültüsü	[gøk gyryltysy]
donderen (ww)	gürlemek	[gyrlemek]
het dondert	gök gürlüyor	[gøk gyrlyjor]

| hagel (de) | dolu | [dolu] |
| het hagelt | dolu yağıyor | [dolu jaıjor] |

| overstromen (ww) | su basmak | [su basmak] |
| overstroming (de) | taşkın | [taʃkın] |

aardbeving (de)	deprem	[deprem]
aardschok (de)	sarsıntı	[sarsıntı]
epicentrum (het)	deprem merkezi	[deprem merkezi]

| uitbarsting (de) | püskürme | [pyskyrme] |
| lava (de) | lav | [lav] |

wervelwind (de)	hortum	[hortum]
windhoos (de)	kasırga	[kasırga]
tyfoon (de)	tayfun	[tajfun]

orkaan (de)	kasırga	[kasırga]
storm (de)	fırtına	[fırtına]
tsunami (de)	tsunami	[tsunami]

cycloon (de)	siklon	[siklon]
onweer (het)	kötü hava	[køty hava]
brand (de)	yangın	[jangın]
ramp (de)	felaket	[felaket]

meteoriet (de)	**göktaşı**	[gøktaʃı]
lawine (de)	**çığ**	[ʧɪːɪ]
sneeuwverschuiving (de)	**çığ**	[ʧɪːɪ]
sneeuwjacht (de)	**tipi**	[tipi]
sneeuwstorm (de)	**kar fırtınası**	[kar fırtınası]

FAUNA

87. Zoogdieren. Roofdieren

roofdier (het)	yırtıcı hayvan	[jɪrtɪdʒɪ hajvan]
tijger (de)	kaplan	[kaplan]
leeuw (de)	aslan	[aslan]
wolf (de)	kurt	[kurt]
vos (de)	tilki	[tilki]
jaguar (de)	jagar, jaguar	[ʒagar]
luipaard (de)	leopar	[leopar]
jachtluipaard (de)	çita	[tʃita]
panter (de)	panter	[panter]
poema (de)	puma	[puma]
sneeuwluipaard (de)	kar leoparı	[kar leoparı]
lynx (de)	vaşak	[vaʃak]
coyote (de)	kır kurdu	[kır kurdu]
jakhals (de)	çakal	[tʃakal]
hyena (de)	sırtlan	[sırtlan]

88. Wilde dieren

dier (het)	hayvan	[hajvan]
beest (het)	vahşi hayvan	[vahʃi hajvan]
eekhoorn (de)	sincap	[sindʒap]
egel (de)	kirpi	[kirpi]
haas (de)	yabani tavşan	[jabani tavʃan]
konijn (het)	tavşan	[tavʃan]
das (de)	porsuk	[porsuk]
wasbeer (de)	rakun	[rakun]
hamster (de)	cırlak sıçan	[dʒirlak sıtʃan]
marmot (de)	dağ sıçanı	[daa sıtʃanı]
mol (de)	köstebek	[køstebek]
muis (de)	fare	[fare]
rat (de)	sıçan	[sıtʃan]
vleermuis (de)	yarasa	[jarasa]
hermelijn (de)	kakım	[kakım]
sabeldier (het)	samur	[samur]
marter (de)	ağaç sansarı	[aatʃ sansarı]
wezel (de)	gelincik	[gelindʒik]
nerts (de)	vizon	[vizon]

bever (de)	kunduz	[kunduz]
otter (de)	su samuru	[su samuru]
paard (het)	at	[at]
eland (de)	Avrupa musu	[avrupa musu]
hert (het)	geyik	[gejik]
kameel (de)	deve	[deve]
bizon (de)	bizon	[bizon]
wisent (de)	Avrupa bizonu	[avrupa bizonu]
buffel (de)	manda	[manda]
zebra (de)	zebra	[zebra]
antilope (de)	antilop	[antilop]
ree (de)	karaca	[karadʒa]
damhert (het)	alageyik	[alagejik]
gems (de)	dağ keçisi	[daa ketʃisi]
everzwijn (het)	yaban domuzu	[jaban domuzu]
walvis (de)	balina	[balina]
rob (de)	fok	[fok]
walrus (de)	mors	[mors]
zeebeer (de)	kürklü fok balığı	[kyrkly fok balıːı]
dolfijn (de)	yunus	[junus]
beer (de)	ayı	[ajı]
ijsbeer (de)	beyaz ayı	[bejaz ajı]
panda (de)	panda	[panda]
aap (de)	maymun	[majmun]
chimpansee (de)	şempanze	[ʃempanze]
orang-oetan (de)	orangutan	[orangutan]
gorilla (de)	goril	[goril]
makaak (de)	makak	[makak]
gibbon (de)	jibon	[ʒibon]
olifant (de)	fil	[fil]
neushoorn (de)	gergedan	[gergedan]
giraffe (de)	zürafa	[zyrafa]
nijlpaard (het)	su aygırı	[su ajgırı]
kangoeroe (de)	kanguru	[kanguru]
koala (de)	koala	[koala]
mangoest (de)	firavunfaresi	[fıravunfaresi]
chinchilla (de)	şinşilla	[ʃinʃilla]
stinkdier (het)	kokarca	[kokardʒa]
stekelvarken (het)	oklukirpi	[oklukirpi]

89. Huisdieren

poes (de)	kedi	[kedi]
kater (de)	erkek kedi	[erkek kedi]
hond (de)	köpek	[køpek]

paard (het)	at	[at]
hengst (de)	aygır	[ajgır]
merrie (de)	kısrak	[kısrak]

koe (de)	inek	[inek]
bul, stier (de)	boğa	[boa]
os (de)	öküz	[økyz]

schaap (het)	koyun	[kojun]
ram (de)	koç	[kotʃ]
geit (de)	keçi	[ketʃi]
bok (de)	teke	[teke]

| ezel (de) | eşek | [eʃek] |
| muilezel (de) | katır | [katır] |

varken (het)	domuz	[domuz]
biggetje (het)	domuz yavrusu	[domuz javrusu]
konijn (het)	tavşan	[tavʃan]

| kip (de) | tavuk | [tavuk] |
| haan (de) | horoz | [horoz] |

eend (de)	ördek	[ørdek]
woerd (de)	suna	[suna]
gans (de)	kaz	[kaz]

| kalkoen haan (de) | erkek hindi | [erkek hindi] |
| kalkoen (de) | dişi hindi | [diʃi hindi] |

huisdieren (mv.)	evcil hayvanlar	[evdʒil hajvanlar]
tam (bijv. hamster)	evcil	[evdʒil]
temmen (tam maken)	evcilleştirmek	[evdʒilleʃtirmek]
fokken (bijv. paarden ~)	yetiştirmek	[jetiʃtirmek]

boerderij (de)	çiftlik	[tʃiftlik]
gevogelte (het)	kümse hayvanları	[kymse hajvanları]
rundvee (het)	çiftlik hayvanları	[tʃiftlik hajvanları]
kudde (de)	sürü	[syry]

paardenstal (de)	ahır	[ahır]
zwijnenstal (de)	domuz ahırı	[domuz ahırı]
koeienstal (de)	inek ahırı	[inek ahırı]
konijnenhok (het)	tavşan kafesi	[tavʃan kafesi]
kippenhok (het)	tavuk kümesi	[tavuk kymesi]

90. Vogels

vogel (de)	kuş	[kuʃ]
duif (de)	güvercin	[gyverdʒin]
mus (de)	serçe	[sertʃe]
koolmees (de)	baştankara	[baʃtankara]
ekster (de)	saksağan	[saksaan]
raaf (de)	kara karga, kuzgun	[kara karga], [kuzgun]

kraai (de)	karga	[karga]
kauw (de)	küçük karga	[kytʃuk karga]
roek (de)	ekin kargası	[ekin kargası]

eend (de)	ördek	[ørdek]
gans (de)	kaz	[kaz]
fazant (de)	sülün	[sylyn]

arend (de)	kartal	[kartal]
havik (de)	atmaca	[atmadʒa]
valk (de)	doğan	[doan]
gier (de)	akbaba	[akbaba]
condor (de)	kondor	[kondor]

zwaan (de)	kuğu	[kuu]
kraanvogel (de)	turna	[turna]
ooievaar (de)	leylek	[lejlek]

papegaai (de)	papağan	[papaan]
kolibrie (de)	sinekkuşu	[sinek kuʃu]
pauw (de)	tavus	[tavus]

struisvogel (de)	deve kuşu	[deve kuʃu]
reiger (de)	balıkçıl	[balıktʃil]
flamingo (de)	flamingo	[flamingo]
pelikaan (de)	pelikan	[pelikan]

| nachtegaal (de) | bülbül | [bylbyl] |
| zwaluw (de) | kırlangıç | [kırlangıtʃ] |

lijster (de)	ardıç kuşu	[ardıtʃ kuʃu]
zanglijster (de)	öter ardıç kuşu	[øter ardıtʃ kuʃu]
merel (de)	karatavuk	[kara tavuk]

gierzwaluw (de)	sağan	[saan]
leeuwerik (de)	toygar	[tojgar]
kwartel (de)	bıldırcın	[bıldırdʒın]

specht (de)	ağaçkakan	[aatʃkakan]
koekoek (de)	guguk	[guguk]
uil (de)	baykuş	[bajkuʃ]
oehoe (de)	puhu kuşu	[puhu kuʃu]
auerhoen (het)	çalıhorozu	[tʃalı horozu]
korhoen (het)	kayın tavuğu	[kajın tavuu]
patrijs (de)	keklik	[keklik]

spreeuw (de)	sığırcık	[sıːırdʒık]
kanarie (de)	kanarya	[kanarja]
hazelhoen (het)	çil	[tʃil]

| vink (de) | ispinoz | [ispinoz] |
| goudvink (de) | şakrak kuşu | [ʃakrak kuʃu] |

meeuw (de)	martı	[martı]
albatros (de)	albatros	[albatros]
pinguïn (de)	penguen	[penguen]

91. Vis. Zeedieren

brasem (de)	çapak balığı	[ʧapak balı:ı]
karper (de)	sazan	[sazan]
baars (de)	tatlı su levreği	[tatlı su levrei]
meerval (de)	yayın	[jajın]
snoek (de)	turna balığı	[turna balı:ı]

zalm (de)	som balığı	[som balı:ı]
steur (de)	mersin balığı	[mersin balı:ı]

haring (de)	ringa	[ringa]
atlantische zalm (de)	som, somon	[som], [somon]
makreel (de)	uskumru	[uskumru]
platvis (de)	kalkan	[kalkan]

snoekbaars (de)	uzunlevrek	[uzunlevrek]
kabeljauw (de)	morina balığı	[morina balı:ı]
tonijn (de)	ton balığı	[ton balı:ı]
forel (de)	alabalık	[alabalık]

paling (de)	yılan balığı	[jılan balı:ı]
sidderrog (de)	torpilbalığı	[torpil balı:ı]
murene (de)	murana	[murana]
piranha (de)	pirana	[pirana]

haai (de)	köpek balığı	[køpek balı:ı]
dolfijn (de)	yunus	[junus]
walvis (de)	balina	[balina]

krab (de)	yengeç	[jengeʧ]
kwal (de)	denizanası	[deniz anası]
octopus (de)	ahtapot	[ahtapot]

zeester (de)	deniz yıldızı	[deniz jıldızı]
zee-egel (de)	deniz kirpisi	[deniz kirpisi]
zeepaardje (het)	denizatı	[denizatı]

oester (de)	istiridye	[istiridje]
garnaal (de)	karides	[karides]
kreeft (de)	ıstakoz	[ıstakoz]
langoest (de)	langust	[langust]

92. Amfibieën. Reptielen

slang (de)	yılan	[jılan]
giftig (slang)	zehirli	[zehirli]

adder (de)	engerek	[engirek]
cobra (de)	kobra	[kobra]
python (de)	piton	[piton]
boa (de)	boa yılanı	[boa jılanı]
ringslang (de)	çayır yılanı	[ʧajır jılanı]

| ratelslang (de) | çıngıraklı yılan | [ʧɪrgɪraklɪ jɪlan] |
| anaconda (de) | anakonda | [anakonda] |

hagedis (de)	kertenkele	[kertenkele]
leguaan (de)	iguana	[iguana]
varaan (de)	varan	[varan]
salamander (de)	salamandra	[salamandra]
kameleon (de)	bukalemun	[bukalemun]
schorpioen (de)	akrep	[akrep]

schildpad (de)	kaplumbağa	[kaplumbaa]
kikker (de)	kurbağa	[kurbaa]
pad (de)	kara kurbağa	[kara kurbaa]
krokodil (de)	timsah	[timsah]

93. Insecten

insect (het)	böcek, haşere	[bødʒek], [haʃere]
vlinder (de)	kelebek	[kelebek]
mier (de)	karınca	[karɪndʒa]
vlieg (de)	sinek	[sinek]
mug (de)	sivri sinek	[sivri sinek]
kever (de)	böcek	[bødʒek]

wesp (de)	eşek arısı	[eʃek arɪsɪ]
bij (de)	arı	[arɪ]
hommel (de)	toprak yaban arısı	[toprak jaban arɪsɪ]
horzel (de)	at sineği	[at sinei]

| spin (de) | örümcek | [ørymdʒek] |
| spinnenweb (het) | örümcek ağı | [ørymdʒek aɪ] |

libel (de)	kız böceği	[kɪz bødʒei]
sprinkhaan (de)	çekirge	[ʧekirge]
nachtvlinder (de)	pervane	[pervane]

kakkerlak (de)	hamam böceği	[hamam bødʒei]
teek (de)	kene, sakırga	[kene], [sakɪrga]
vlo (de)	pire	[pire]
kriebelmug (de)	tatarcık	[tatardʒɪk]

treksprinkhaan (de)	çekirge	[ʧekirge]
slak (de)	sümüklü böcek	[symykly bødʒek]
krekel (de)	cırcır böceği	[dʒɪrdʒɪr bødʒei]
glimworm (de)	ateş böceği	[ateʃ bødʒei]
lieveheersbeestje (het)	uğur böceği	[uur bødʒei]
meikever (de)	mayıs böceği	[majɪs bødʒei]

bloedzuiger (de)	sülük	[sylyk]
rups (de)	tırtıl	[tɪrtɪl]
aardworm (de)	solucan	[soludʒan]
larve (de)	kurtçuk	[kurʧuk]

FLORA

94. Bomen

boom (de)	ağaç	[aatʃ]
loof- (abn)	geniş yapraklı	[geniʃ japraklı]
dennen- (abn)	iğne yapraklı	[i:ine japraklı]
groenblijvend (bn)	her dem taze	[her dem taze]
appelboom (de)	elma ağacı	[elma aadʒı]
perenboom (de)	armut ağacı	[armut aadʒı]
zoete kers (de)	kiraz ağacı	[kiraz aadʒı]
zure kers (de)	vişne ağacı	[viʃne aadʒı]
pruimelaar (de)	erik ağacı	[erik aadʒı]
berk (de)	huş ağacı	[huʃ aadʒı]
eik (de)	meşe	[meʃe]
linde (de)	ıhlamur	[ıhlamur]
esp (de)	titrek kavak	[titrek kavak]
esdoorn (de)	akça ağaç	[aktʃa aatʃ]
spar (de)	ladin	[ladin]
den (de)	çam ağacı	[tʃam aadʒı]
lariks (de)	melez ağacı	[melez aadʒı]
zilverspar (de)	köknar	[køknar]
ceder (de)	sedir	[sedir]
populier (de)	kavak	[kavak]
lijsterbes (de)	üvez ağacı	[yvez aadʒı]
wilg (de)	söğüt	[søjut]
els (de)	kızılağaç	[kızılaatʃ]
beuk (de)	kayın	[kajın]
iep (de)	karaağaç	[kara aatʃ]
es (de)	dişbudak ağacı	[diʃbudak aadʒı]
kastanje (de)	kestane	[kestane]
magnolia (de)	manolya	[manolja]
palm (de)	palmiye	[palmije]
cipres (de)	servi	[servi]
mangrove (de)	mangrov	[mangrov]
baobab (apenbroodboom)	baobab ağacı	[baobab aadʒı]
eucalyptus (de)	okaliptüs	[okaliptys]
mammoetboom (de)	sekoya	[sekoja]

95. Heesters

struik (de)	çalı	[tʃalı]
heester (de)	çalılık	[tʃalılık]

wijnstok (de)	üzüm	[yzym]
wijngaard (de)	bağ	[baa]

frambozenstruik (de)	ahududu	[ahududu]
zwarte bes (de)	siyah frenk üzümü	[sijah frenk yzymy]
rode bessenstruik (de)	kırmızı frenk üzümü	[kırmızı frenk yzymy]
kruisbessenstruik (de)	bektaşi üzümü	[bektaʃi yzymy]

acacia (de)	akasya	[akasja]
zuurbes (de)	diken üzümü	[diken yzymy]
jasmijn (de)	yasemin	[jasemin]

jeneverbes (de)	ardıç	[ardıtʃ]
rozenstruik (de)	gül ağacı	[gyl aadʒı]
hondsroos (de)	yaban gülü	[jaban gyly]

96. Vruchten. Bessen

vrucht (de)	meyve	[mejve]
vruchten (mv.)	meyveler	[mejveler]
appel (de)	elma	[elma]
peer (de)	armut	[armut]
pruim (de)	erik	[erik]

aardbei (de)	çilek	[tʃilek]
zure kers (de)	vişne	[viʃne]
zoete kers (de)	kiraz	[kiraz]
druif (de)	üzüm	[yzym]

framboos (de)	ahududu	[ahududu]
zwarte bes (de)	siyah frenk üzümü	[sijah frenk yzymy]
rode bes (de)	kırmızı frenk üzümü	[kırmızı frenk yzymy]
kruisbes (de)	bektaşi üzümü	[bektaʃi yzymy]
veenbes (de)	kızılcık	[kızıldʒık]

sinaasappel (de)	portakal	[portakal]
mandarijn (de)	mandalina	[mandalina]
ananas (de)	ananas	[ananas]

banaan (de)	muz	[muz]
dadel (de)	hurma	[hurma]

citroen (de)	limon	[limon]
abrikoos (de)	kayısı	[kajısı]
perzik (de)	şeftali	[ʃeftali]

kiwi (de)	kivi	[kivi]
grapefruit (de)	greypfrut	[grejpfrut]

bes (de)	meyve, yemiş	[mejve], [jemiʃ]
bessen (mv.)	yemişler	[jemiʃler]
vossenbes (de)	kırmızı yaban mersini	[kırmızı jaban mersini]
bosaardbei (de)	yabani çilek	[jabani tʃilek]
blauwe bosbes (de)	yaban mersini	[jaban mersini]

97. Bloemen. Planten

bloem (de)	çiçek	[ʧiʧek]
boeket (het)	demet	[demet]

roos (de)	gül	[gyl]
tulp (de)	lale	[lale]
anjer (de)	karanfil	[karanfil]
gladiool (de)	glayöl	[glajøl]

korenbloem (de)	peygamber çiçeği	[pejgamber ʧiʧei]
klokje (het)	çançiçeği	[ʧanʧiʧei]
paardenbloem (de)	hindiba	[hindiba]
kamille (de)	papatya	[papatja]

aloë (de)	sarısabır	[sarısabır]
cactus (de)	kaktüs	[kaktys]
ficus (de)	kauçuk ağacı	[kauʧuk aadʒı]

lelie (de)	zambak	[zambak]
geranium (de)	sardunya	[sardunija]
hyacint (de)	sümbül	[symbyl]

mimosa (de)	mimoza	[mimoza]
narcis (de)	nergis	[nergis]
Oost-Indische kers (de)	latin çiçeği	[latin ʧiʧei]

orchidee (de)	orkide	[orkide]
pioenroos (de)	şakayık	[ʃakajık]
viooltje (het)	menekşe	[menekʃe]

driekleurig viooltje (het)	hercai menekşe	[herdʒai menekʃe]
vergeet-mij-nietje (het)	unutmabeni	[unutmabeni]
madeliefje (het)	papatya	[papatja]

papaver (de)	haşhaş	[haʃhaʃ]
hennep (de)	kendir	[kendir]
munt (de)	nane	[nane]

lelietje-van-dalen (het)	inci çiçeği	[indʒi ʧiʧei]
sneeuwklokje (het)	kardelen	[kardelen]

brandnetel (de)	ısırgan otu	[ısırgan otu]
veldzuring (de)	kuzukulağı	[kuzukulaı]
waterlelie (de)	beyaz nilüfer	[bejaz nilyfer]
varen (de)	eğreltiotu	[eereltiotu]
korstmos (het)	liken	[liken]

oranjerie (de)	limonluk	[limonlyk]
gazon (het)	çimen	[ʧimen]
bloemperk (het)	çiçek tarhı	[ʧiʧek tarhı]

plant (de)	bitki	[bitki]
gras (het)	ot	[ot]
grasspriet (de)	ot çöpü	[ot ʧøpy]

blad (het)	yaprak	[japrak]
bloemblad (het)	taçyaprağı	[tatʃjapraɪ]
stengel (de)	sap	[sap]
knol (de)	yumru	[jumru]

| scheut (de) | filiz | [filiz] |
| doorn (de) | diken | [diken] |

bloeien (ww)	çiçeklenmek	[tʃitʃeklenmek]
verwelken (ww)	solmak	[solmak]
geur (de)	koku	[koku]
snijden (bijv. bloemen ~)	kesmek	[kesmek]
plukken (bloemen ~)	koparmak	[koparmak]

98. Granen, graankorrels

graan (het)	tahıl, tane	[tahıl], [tane]
graangewassen (mv.)	tahıllar	[tahıllar]
aar (de)	başak	[baʃak]

tarwe (de)	buğday	[buudaj]
rogge (de)	çavdar	[tʃavdar]
haver (de)	yulaf	[julaf]
gierst (de)	darı	[darı]
gerst (de)	arpa	[arpa]

maïs (de)	mısır	[mısır]
rijst (de)	pirinç	[pirintʃ]
boekweit (de)	karabuğday	[karabuudaj]

erwt (de)	bezelye	[bezelje]
nierboon (de)	fasulye	[fasulje]
soja (de)	soya	[soja]
linze (de)	mercimek	[merdʒimek]
bonen (mv.)	bakla	[bakla]

LANDEN VAN DE WERELD

99. Landen. Deel 1

Afghanistan (het)	**Afganistan**	[afganistan]
Albanië (het)	**Arnavutluk**	[arnavutluk]
Argentinië (het)	**Arjantin**	[arʒantin]
Armenië (het)	**Ermenistan**	[ermenistan]
Australië (het)	**Avustralya**	[avustralja]
Azerbeidzjan (het)	**Azerbaycan**	[azerbajdʒan]
Bahama's (mv.)	**Bahama adaları**	[bahama adaları]
Bangladesh (het)	**Bangladeş**	[bangladeʃ]
België (het)	**Belçika**	[beltʃika]
Bolivia (het)	**Bolivya**	[bolivja]
Bosnië en Herzegovina (het)	**Bosna-Hersek**	[bosna hertsek]
Brazilië (het)	**Brezilya**	[brezilja]
Bulgarije (het)	**Bulgaristan**	[bulgaristan]
Cambodja (het)	**Kamboçya**	[kambotʃja]
Canada (het)	**Kanada**	[kanada]
Chili (het)	**Şili**	[ʃili]
China (het)	**Çin**	[tʃin]
Colombia (het)	**Kolombiya**	[kolombija]
Cuba (het)	**Küba**	[kyba]
Cyprus (het)	**Kıbrıs**	[kıbrıs]
Denemarken (het)	**Danimarka**	[danimarka]
Dominicaanse Republiek (de)	**Dominik Cumhuriyeti**	[dominik dʒumhurijeti]
Duitsland (het)	**Almanya**	[almanja]
Ecuador (het)	**Ekvator**	[ekvator]
Egypte (het)	**Mısır**	[mısır]
Engeland (het)	**İngiltere**	[ingiltere]
Estland (het)	**Estonya**	[estonja]
Finland (het)	**Finlandiya**	[finlandja]
Frankrijk (het)	**Fransa**	[fransa]
Frans-Polynesië	**Fransız Polinezisi**	[fransız polinezisi]
Georgië (het)	**Gürcistan**	[gyrdʒistan]
Ghana (het)	**Gana**	[gana]
Griekenland (het)	**Yunanistan**	[junanistan]
Groot-Brittannië (het)	**Büyük Britanya**	[byjuk britanja]
Haïti (het)	**Haiti**	[haiti]
Hongarije (het)	**Macaristan**	[madʒaristan]
Ierland (het)	**İrlanda**	[irlanda]
IJsland (het)	**İzlanda**	[izlanda]
India (het)	**Hindistan**	[hindistan]
Indonesië (het)	**Endonezya**	[endonezja]

Irak (het)	**Irak**	[ɪrak]
Iran (het)	**İran**	[iran]
Israël (het)	**İsrail**	[israil]
Italië (het)	**İtalya**	[italja]

100. Landen. Deel 2

Jamaica (het)	**Jamaika**	[ʒamajka]
Japan (het)	**Japonya**	[ʒaponja]
Jordanië (het)	**Ürdün**	[urdyn]
Kazakstan (het)	**Kazakistan**	[kazakistan]
Kenia (het)	**Kenya**	[kenja]
Kirgizië (het)	**Kırgızistan**	[kɪrgɪzistan]
Koeweit (het)	**Kuveyt**	[kuvejt]

Kroatië (het)	**Hırvatistan**	[hɪrvatistan]
Laos (het)	**Laos**	[laos]
Letland (het)	**Letonya**	[letonja]
Libanon (het)	**Lübnan**	[lybnan]
Libië (het)	**Libya**	[libja]
Liechtenstein (het)	**Lihtenştayn**	[lihtenʃtajn]
Litouwen (het)	**Litvanya**	[litvanja]

Luxemburg (het)	**Lüksemburg**	[lyksemburg]
Macedonië (het)	**Makedonya**	[makedonja]
Madagaskar (het)	**Madagaskar**	[madagaskar]
Maleisië (het)	**Malezya**	[malezja]
Malta (het)	**Malta**	[malta]
Marokko (het)	**Fas**	[fas]
Mexico (het)	**Meksika**	[meksika]

Moldavië (het)	**Moldova**	[moldova]
Monaco (het)	**Monako**	[monako]
Mongolië (het)	**Moğolistan**	[moolistan]
Montenegro (het)	**Karadağ**	[karadaa]
Myanmar (het)	**Myanmar**	[mjanmar]
Namibië (het)	**Namibya**	[namibja]
Nederland (het)	**Hollanda**	[hollanda]

Nepal (het)	**Nepal**	[nepal]
Nieuw-Zeeland (het)	**Yeni Zelanda**	[jeni zelanda]
Noord-Korea (het)	**Kuzey Kore**	[kuzej kore]
Noorwegen (het)	**Norveç**	[norvetʃ]
Oekraïne (het)	**Ukrayna**	[ukrajna]
Oezbekistan (het)	**Özbekistan**	[øzbekistan]
Oostenrijk (het)	**Avusturya**	[avusturja]

101. Landen. Deel 3

Pakistan (het)	**Pakistan**	[pakistan]
Palestijnse autonomie (de)	**Filistin**	[filistin]
Panama (het)	**Panama**	[panama]

Paraguay (het)	Paraguay	[paraguaj]
Peru (het)	Peru	[peru]
Polen (het)	Polonya	[polonja]
Portugal (het)	Portekiz	[portekiz]
Roemenië (het)	Romanya	[romanja]

Rusland (het)	Rusya	[rusja]
Saoedi-Arabië (het)	Suudi Arabistan	[suudi arabistan]
Schotland (het)	İskoçya	[iskotʃja]
Senegal (het)	Senegal	[senegal]
Servië (het)	Sırbistan	[sırbistan]
Slovenië (het)	Slovenya	[slovenja]
Slowakije (het)	Slovakya	[slovakja]
Spanje (het)	İspanya	[ispanja]

Suriname (het)	Surinam	[surinam]
Syrië (het)	Suriye	[surije]
Tadzjikistan (het)	Tacikistan	[tadʒikistan]
Taiwan (het)	Tayvan	[tajvan]
Tanzania (het)	Tanzanya	[tanzanja]
Tasmanië (het)	Tazmanya	[tazmanija]
Thailand (het)	Tayland	[tailand]

Tsjechië (het)	Çek Cumhuriyeti	[tʃek dʒumhurijeti]
Tunesië (het)	Tunus	[tunus]
Turkije (het)	Türkiye	[tyrkije]
Turkmenistan (het)	Türkmenistan	[tyrkmenistan]
Uruguay (het)	Uruguay	[urugvaj]
Vaticaanstad (de)	Vatikan	[vatikan]
Venezuela (het)	Venezuela	[venezuela]
Verenigde Arabische Emiraten	Birleşik Arap Emirlikleri	[birleʃik arap emirlikleri]

Verenigde Staten van Amerika	Amerika Birleşik Devletleri	[amerika birleʃik devletleri]
Vietnam (het)	Vietnam	[vjetnam]
Wit-Rusland (het)	Beyaz Rusya	[bejaz rusja]
Zanzibar (het)	Zanzibar	[zanzibar]
Zuid-Afrika (het)	Güney Afrika Cumhuriyeti	[gynej afrika dʒumhurijeti]
Zuid-Korea (het)	Güney Kore	[gynej kore]
Zweden (het)	İsveç	[isvetʃ]
Zwitserland (het)	İsviçre	[isvitʃre]

TURKS
WOORDENSCHAT

THEMATISCHE WOORDENLIJST

NEDERLANDS
TURKS

De meest bruikbare woorden
Om uw woordenschat uit te breiden en
uw taalvaardigheid aan te scherpen

3000 woorden

Thematische woordenschat Nederlands-Turks - 3000 woorden
Door Andrey Taranov

Woordenlijsten van T&P Books zijn bedoeld om u woorden van een vreemde taal te helpen leren, onthouden, en bestudering. Dit woordenboek is ingedeeld in thema's en behandelt alle belangrijk terreinen van het dagelijkse leven, bedrijven, wetenschap, cultuur, etc.

Het proces van het leren van woorden met behulp van de op thema's gebaseerde aanpak van T&P Books biedt u de volgende voordelen:

- Correct gegroepeerde informatie is bepalend voor succes bij opeenvolgende stadia van het leren van woorden
- De beschikbaarheid van woorden die van dezelfde stam zijn maakt het mogelijk om woordgroepen te onthouden (in plaats van losse woorden)
- Kleine groepen van woorden faciliteren het proces van het aanmaken van associatieve verbindingen, die nodig zijn bij het consolideren van de woordenschat
- Het niveau van talenkennis kan worden ingeschat door het aantal geleerde woorden

T&P Books Publishing
www.tpbooks.com

ISBN: 978-1-78492-393-8

Dit boek is ook beschikbaar in e-boek formaat.
Gelieve www.tpbooks.com te bezoeken of de belangrijkste online boekwinkels.